100
CORTES Y PEINADOS
JUVENILES
PASO A PASO

Editor Oscar Asensio
Producción María Elisa Di Marco
Asistente de Producción Lourdes La Vigna
Diseño y Maquetación María Serena Stefler
Textos Fernanda Righi
Fotógrafo Diego González
Peluquera Marisa Satta
Agencia de modelos Lauría Models I White Models

© 2015 Reditar Libros
reditarlibros@reditarlibros.com
www.reditarlibros.com

ISBN: 978-84-15023-17-3

ILUSBOOKS
ILLUSION ILLUSTRATED

© Edición española y portuguesa
ILUSBOOKS
Calle Cobos de Segovia, 19, 5˚, 1ª
28005 Madrid
España

ISBN: 978-84-15227-91-5

Impreso en España

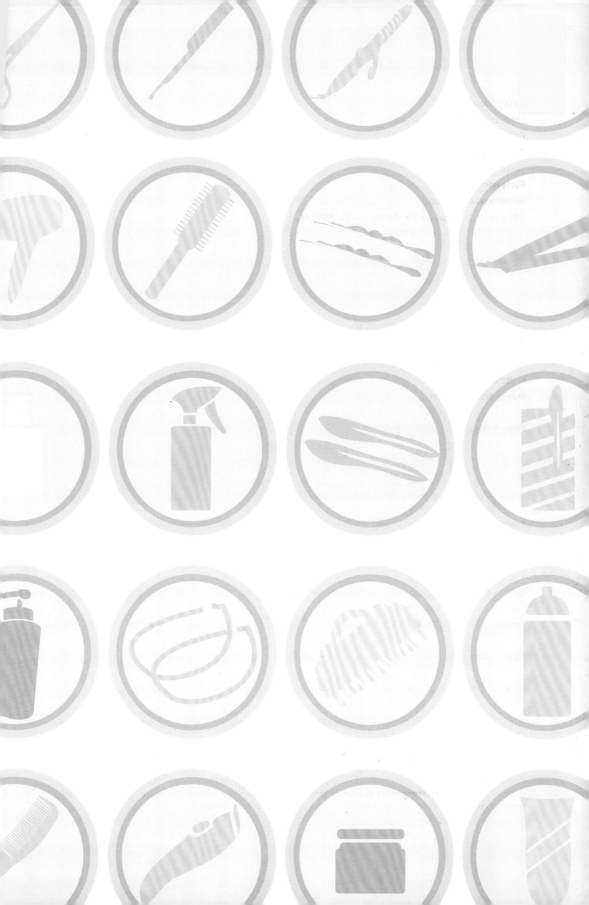

Indice

INTRODUCCIÓN

HERRAMIENTAS

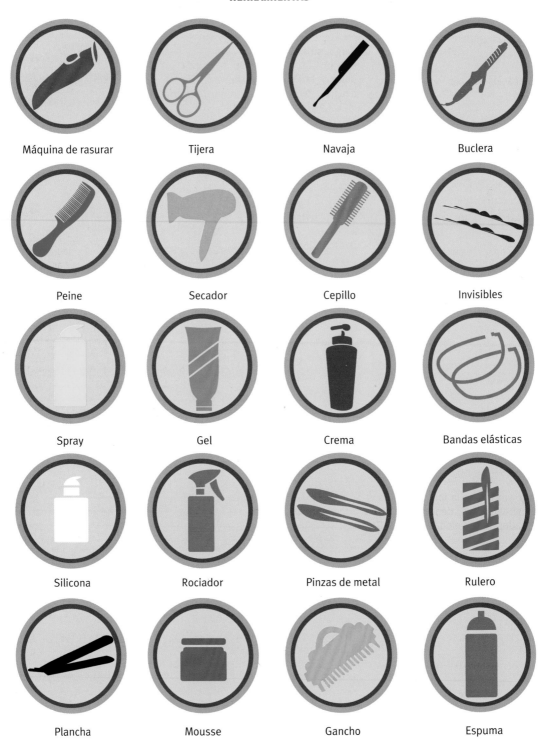

Máquina de rasurar	Tijera	Navaja	Buclera
Peine	Secador	Cepillo	Invisibles
Spray	Gel	Crema	Bandas elásticas
Silicona	Rociador	Pinzas de metal	Rulero
Plancha	Mousse	Gancho	Espuma

Los jóvenes y su cabello

Los adolescentes y jóvenes deciden sus cortes y peinados con libertad y originalidad. A su edad, ya no siguen los consejos de sus padres que les decían cómo debían peinarse y tampoco deben adaptar una imagen formal que les impone el mundo laboral. Por ello, se permiten experimentar tanto en el corte como en el peinado y color.

Los jóvenes llaman la atención por sus cortes irregulares y mechas de colores estridentes. Las razones de estos estilos se vinculan a la imitación de sus ídolos: cantantes, deportistas, actores o adopción de modas urbanas. Del mismo modo, muchos jóvenes, en su afán por llamar la atención y demostrar su rebeldía, cambian su peinado.

Crecimiento del cabello

El cabello humano nace en un bulbo piloso asentado en un hueco denominado folículo o raíz. Desde allí el cabello crece proyectándose sobre la superficie de la piel en un tallo piloso. Asimismo, en el bulbo se produce el pigmento que da color al cabello, es decir, la melanina.

Anatómicamente, el cabello presenta la misma estructura que cualquier otro tipo de pelo del cuerpo. Sin embargo, su implantación en la piel es más profunda, ya que su folículo se ubica en la hipodermis (capa subcutánea de la piel).

En la base del folículo se encuentra la papila compuesta por un tejido conjuntivo y vasos sanguíneos que proporcionan las sustancias necesarias para la nutrición y crecimiento del cabello. A medida que sus células se reproducen, produciendo queratina y reforzando la estructura, el cabello sobrepasa las capas de la piel llegando a la superficie.

Los folículos que componen cada uno de los cabellos permanecen activos de 2 a 6 años descansando, después, durante aproximadamente 3 meses. Durante ese tiempo el cabello crece alrededor de 6 milímetros por mes. El largo del cabello depende de la duración de la fase de crecimiento del folículo. Después, el cabello cae y otro crece en su lugar. El cabello grueso nace de folículos grandes; los folículos angostos producen cabello fino.

Alopecia

Una persona se vuelve calva si los folículos del cuero cabelludo mueren y no producen cabello nuevo. Este fenómeno acontece generalmente en personas adultas, sin embargo, algunos jóvenes pueden experimentar caída del cabello a temprana edad.

La alopecia androgenética se denomina de este modo porque una de sus causas es el factor hereditario. Esta se produce cuando el tiempo de crecimiento del cabello se acorta volviéndolo más fino y menos resistente. Con cada ciclo de crecimiento, los pelos se arraigan más superficialmente y son más fáciles de desprenderse.

Este es el tipo de pérdida de cabello que pueden sufrir los más jóvenes ya que, si tienen antecedentes familiares, aumenta el riesgo de calvicie.

Del mismo modo, la herencia influye en la edad en que se empienza a per-

der el cabello y la velocidad de desarrollo, estructura y alcance de la calvicie.

Los jóvenes (sobre todo los hombres) deberán prestar atención y observar si tienen padres y abuelos con poco pelo, a qué edad empenzaron ellos a perder el cabello. Es probable que este patrón se repita en ellos.

De manera menos frecuente, los jóvenes y adolescentes pueden perder el cabello por enfermedad, tratamiento médico e incluso por una alimentación deficiente. En este caso, la pérdida de cabello es temporal y el problema se soluciona al finalizar el tratamiento o mejorando la dieta.

Estructura del cabello

El tallo del cabello está compuesto por tres capas: la corteza, la médula y la cutícula.

Médula: se ubica en el centro del tallo y es la capa más blanda de las tres. Está compuesta por células blandas de queratina cuyo objetivo es transportar las sustancias nutritivas para la salud del cabello.

Corteza: es la parte intermedia donde se fijan la mayoría de los gránulos de pigmento. Su superficie está cubierta

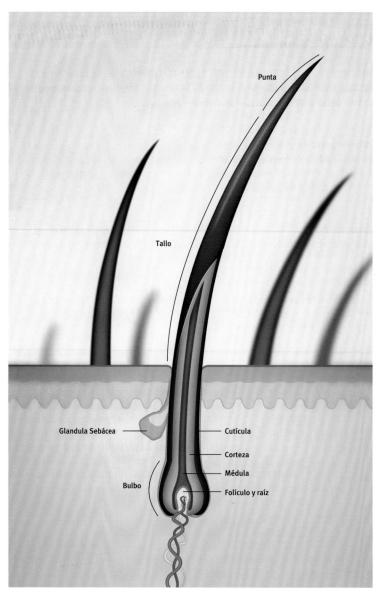

90% del calor que perdemos se escapa a través de esta parte del cuerpo.
- Así como el vello de la nariz y las orejas, protege y resguarda la cabeza.
- Absorbe radiación dañina del sol y previene que el agua entre en contacto con la piel.

Tratamientos

Cada tipo de cabello tiene tratamiento específico para que conserve un aspecto dócil y brilloso.

Cabellos secos: después de varios años de tinturas puede que algún adolescente adquiera este tipo de cabello, aunque no es muy frecuente. Para mantenerlo sano se debe hidratar constantemente con bálsamos que le devolverán el equilibrio deseado.

En el mercado existen muchos productos para realizar baños de crema, mascarillas y cremas o aceites que se dejan en el cabello sin enjuagar. Muchos se aplican antes del lavado y con el pelo seco masajeando suavemente para que penetre en la fibra y se deja actuar. Otros se colocan después del lavado siguiendo el mismo procedimiento.

Si es posible, se recomienda secar el pelo al aire libre y usar el secador sólo para quitar el resto de humedad y dar la forma deseada. Del mismo modo, efectuar cortes periódicos de las puntas permite que el cabello esté más saludable a la vez que elimina las partes donde el daño es más visible.

Cabello normal: este tipo de cabello no presenta los inconvenientes de los extremos graso o seco. Por ello, los cuidados apuntan a mantenerlo con brillo y fuerte por mucho tiempo. En primer lugar, es importante utilizar champú con ph neutro(5.5) y aplicar un acondicionador suave en las puntas debido a que estas tienden a desgastarse. Es importante masajear el

con una capa de piel donde las células pueden estar adheridas o separadas formando escamas.

Cutícula: es el plano externo duro cuya función es proteger al tallo. Está formada por 5 o 7 capas de células transparentes con forma de lámina que se disponen unas con otras y se adhieren fuertemente a la corteza.

Funciones del cabello

Si bien es cierto que el cabello y su arreglo forma parte de la estética, también posee funciones vitales para el cuerpo humano y su desarrollo. Entre otras cosas, el cabello:

- Mantiene el calor en la zona de la cabeza lo cual es importante ya que el

TIPO DE CABELLO

El cabello se clasifica de distintas maneras: seco, graso o normal. Estas características se relacionan con el estado del cuero cabelludo y la actividad de las glándulas sebáceas: órganos secretores que producen una sustancia grasa llamada sebo y desembocan dentro de cada folículo.

Cabellos secos

Como consecuencia de la baja secreción de sebo en el cuero cabelludo, este tipo de cabello es opaco, carece de elasticidad y brillo y se quiebra con facilidad. Igualmente, en la adolescencia, vuelve a crecer rápidamente. Además, posee un ph más ácido que el pelo normal y carece de humedad. Algunas causas del cabello seco son las permanentes, las tinturas y las exposiciones excesivas al calor.

Cabello normal

Se dice que es el "mejor" tipo de cabello debido a que es brillante, sedoso y no se quiebra. Por lo general, el cabello posee estas características hasta que, en la adolescencia, es afectado por períodos hormonales que lo vuelven graso.

Cabellos grasos

Son brillantes por la alta secreción de las glándulas sebáceas en el cuero cabelludo y en el largo. Este tipo de cabello se vuelve a engrasar con mayor rapidez después del lavado porque recoge con facilidad las partículas de polvo del medio ambiente. Del mismo modo, puede producir caspa gruesa.

---

cuero cabelludo para favorecer la circulación y la producción de sebo que permita proteger el cabello. No es necesario lavarlo diariamente, cada dos o tres días estará bien. Por otra parte, si el cabello está teñido es recomendable añadir productos especiales para este tipo de cabello.

Si bien es cierto que el cabello normal permite el uso de secadores, alisadores y rizadores no se recomienda abusar de ellos ya que el exceso podría provocar la sequedad y el quiebre. Asimismo, si se desea realizar alguno de estos procedimientos, se recomienda aplicar con anterioridad algún producto protector para el cabello.

Cabello graso: es muy frecuente que, durante la adolescencia, los jóvenes tengan cabello graso debido a una alta secreción de grasa generados por las glándulas sebáceas. Este tipo de cabello debe lavarse cada dos o tres días con productos astringentes que

disminuyan la presencia de sebo. Al lavarlo, es preciso emplear agua tibia tratando de no masajear el cuero cabelludo para no activar las glándulas sebáceas.

Al peinar, hay que prestar atención a los productos: algunos geles fijadores o lociones pueden engrasar el cabello, anulando el objetivo del lavado. Lo recomendable es no utilizarlos o probar aquellos que no tengan aceites. Asimismo, es preferible limitar la ingesta de grasas para disminuir los niveles de sebo incorporando más frutas y verduras a la dieta.

Tipo de Cortes

Dependiendo del largo, el tipo y la textura del cabello, existen numerosas opciones de cortes por la que los jóvenes pueden optar. Conocer cuáles son las mejores variantes para cada caso permite al profesional aconsejar con mayor autoridad.

Recto: es uno de los cortes más simples ya que reproduce el mismo largo en toda la cabellera y puede utilizarse en cabellos con ondas o lacios, aunque en estos últimos casos se requiere de precisión para que ningún mechón tenga mayor extensión que el resto.

Ver Corte recto con desmechado en página 47

Rebajado: este tipo de corte rompe con la forma compacta del cabello debido que posibilita la variedad de largos (la mayoría de la veces se realiza desde el mentón hacia el final del cabello).

Se percibe en cabellos lacios, sin embargo, en los ondulados, puede combinarse con capas disminuyendo el volumen de las puntas.

Ver Corte con rebajado en página 74

Escalonado: como su nombre lo indica, este corte reproduce en el largo del cabello la forma de una escalera.

Es decir, las partes superiores son más cortas y las puntas, más largas al tiempo que se percibe que los mechones tengan largos bien diferenciados. Puede realizarse en cabellos cortos o largos.

Ver Corte en Desnivel en página 52

Desmechado: también conocido como "entresacado" permite reducir el volumen en ciertas partes del cabello para concentrarlo en otras.

Estos cortes sirven para otorgar movimiento en cabelleras muy lacias brindando un aire informal y juvenil.
En cabellos ondulados disminuye el espesor y el grosor del cabello haciéndolo más manejable.

Ver Desmechado con navaja en página 80

Cresta: es un corte muy popular entre los hombres, el cual consiste en cortar los laterales del cabello y dejar largo la parte central reproduciendo la forma de una cresta.
Por lo general, esta forma se acentúa peinando el cabello hacia arriba con ayuda de silicona o gel.

Ver Cresta Dark en página 118

Flequillos: se trata de la parte frontal del cabello que cae sobre la frente. Pueden presentarse en diversos estilos: corto sobre la frente o más largo y hacia los costados.
Del mismo modo, es posible cortarlo más tupido, abombado o escaso.

Ver Flequillo lateral con capas en página 66

Tipo de peinados

Se lucen en ocasiones especiales. Por ello, es muy importante que el profesional conozca cuáles son las variedades de peinados y cómo combinarlos para lograr verdaderas obras de arte en la cabeza.

Trenzas: se divide el cabello en varios mechones y se entrelaza uno con otro. Es una opción ideal para cabellos largos y en cantidad. Asimismo, existen muchas variantes que pueden abarcar la totalidad del cabello o solo una parte.

Trenza convencional, cosida (francesa), trenza diadema y espiga son algunas de las opciones que se verán en este libro.

Ver Trenzas con rodete en página 204

Algunos peinados permiten realizar gran cantidad de torzadas mientras que otros se combinan con trenzas y rodetes.

Ver Torzadas con rizos en página 142

Rodetes: es un recogido que consiste en tomar gran parte del cabello, enroscarlo sobre sí mismo y ubicarlo en alguna parte de la cabeza (laterales, parte superior o nuca).

Del mismo modo, se trata de un peinado cómodo que brinda libertad para combinar con otros peinados como trenzas, tupés o batidos.

Ver Rodete antiguo en página 216

Torzadas: se trata de mechones de diverso grosor de cabello que se enroscan sobre sí mismos y se sujetan en alguna parte de la cabeza.

Tupé: es un peinado que consiste en elevar o hacer más prominente el cabello de la parte superior de la cabeza. Por lo general, esto se logra gracias al batido y un fijador. Si bien en un comienzo fue un peinado masculino más tarde se hizo extensivo a las mujeres que lo adoptaron como complemento

del cabello suelto o junto a otro peinado.

Ver Cola de caballo con tupé en página 134

Recogidos: son peinados que juntan una o varias partes del cabello y la colocan en los laterales o la parte superior de la cabeza.

Su dificultad es variada: pueden estar compuestos por torzadas, trenzas o rodetes. Igualmente, muchos permiten mechones de cabello sueltos con rizos.

Se utilizan en ocasiones especiales como casamientos, cumpleaños o aniversarios.

Ver Recogido entrelazado en página 200

Cabello suelto: el cabello en su variante natural puede adoptar múltiples formas. Se puede realizar brushing con cepillo, rizos, alisado o batidos. Todas estas son opciones para cabellos de cualquier largo y textura aunque es cierto que pueden quedar mejor en unos cabellos que en otros. Se recomienda realizar una prueba en un sector del cabello para luego reproducirlo en el resto.

Ver Flequillo rebajado en página 30

Peinados y cortes para cada tipo de cabello

Cabellos secos: en cuanto a los posibles peinados, es aconsejable dejar el pelo lo más natural posible: suelto o con un recogido simple. Si se desea, se puede aplicar una crema para peinar para darle volumen (sobre todo si el cabello es ondulado o con rizos). Por otra parte, el alisado o rizador artificial traerá más problemas porque, con el tiempo, producirá mayor sequedad en el largo del cabello. Además, en lo inmediato, dejará visible

las partes quebradas y, probablemente, lucirá inflado. Por otra parte, se recomienda utilizar el secador a temperatura baja y peinar con cuidado para evitar que se quiebre.

En cuanto al corte se aconseja repasar las puntas periódicamente para quitar las partes donde el daño sea más visible y el cabello esté más saludable. Asimismo, quienes tengan este tipo de cabello deben optar por un corte natural que pueda secarse al aire libre e incluso que sea posible peinar con las manos y una crema para que el cabello no sufra manipulaciones de agentes extraños.

Cabello normal: este tipo de cabello es fácil de manipular y por ello se adapta bien a cualquier peinado y corte. No obstante, se debe tener en cuenta algunos cuidados que tienen que ver con la textura del cabello. Los cortes de pelo rizado natural deben siempre complementar su patrón de rizo del cabello. Los cortes desmechados y en capas son convenientes, fáciles de mantener y dan buena estructura a un cabello rizado de longitud corta o media. Por otra parte, debe evitarse el exceso de peso del pelo debido que, si pesa demasiado al crecer, los rizos tienden a enredarse en las puntas del cabello. Para evitarlo, se recomienda visitar a su estilista por lo menos cada 6 semanas aproximadamente. En cuanto a los peinados, lo aconsejable es destacar el movimiento del cabello en lugar de intentar alisarlo. Esto puede lograrse con crema para peinar. Incluso puede variarse en el tamaño de las ondas (más finas o gruesas). En el caso de cabellos lacios, la variedad de cortes y peinados es mayor, incluso pueden manejar su cabellera a su gusto y acorde con su look. Si se desea movimiento, lo ideal es un corte desmechado y en capas. También pueden optar por un corte recto (muy de moda en estos últimos años) o con flequillo. Estas opciones se deben considerar teniendo en cuenta los rasgos del rostro los cuales

se abordarán en las próximas páginas.

Cabellos grasos: este tipo de cabello facilita la realización de recogidos, rodetes, torzadas y trenzas. Estos peinados disimulan la grasa al tiempo que permiten que el cabello quede asentado lo cual garantiza la permanencia y la durabilidad de los peinados.

En cuanto a cortes no existen recomendados para este tipo de cabello. Lo que sí se debe tener en cuenta es que los champúes antigrasa provocan la sequedad de las puntas haciendo que estas se abran. Por lo tanto, es conveniente cortarlas de vez en cuando.

En el salón

Un salón con un ambiente adecuado y agradable, además de una atención cordial son elementos fundamentales para el éxito y el progreso del negocio. En principio, el salón debe ser amplio, luminoso y con facilidad para el traslado de peluqueros, asistentes y coloristas. Por otra parte, es fundamental que el local posea las habilitaciones sanitarias y permisos municipales pertinentes para poder realizar la actividad de manera correcta.

Del mismo modo, es elemental que cumpla con ciertas condiciones ambientales que permitan a los trabaja-

dores y clientes gozar de una atmósfera adecuada.

- **Tipo de iluminación:** la luz apropiada es la natural con lo cual son recomendables ventanas o vidrieras que dejen pasar la luz del día. La luz artificial estará presente porque es necesaria para observar colores y detalles.

- **Temperatura:** lo ideal son 20ºC, aunque esta se incrementa por el funcionamiento de secadores, planchas y rizadores. De igual forma, algunos productos como los fijadores y el spray generan gases que pueden ser nocivos para las personas. Por este motivo, el lugar debe estar bien ventilado ya sea con ventanas o ventiladores.

Para concluir, el cliente debe sentirse a gusto en el salón. En primer término, tendrá que ser recibido con una sonrisa y amabilidad. Asimismo, debe cuidarse que los elementos que estarán en contacto con ellos, como la bata y las toallas, estén limpias y se utilicen

una sola vez. El cliente debe observar ello. Igualmente, la peluquería debe estar limpia. Si bien es inevitable que el cabello caiga al suelo, un asistente deberá barrer el piso cada dos o tres horas para evitar que la suciedad se concentre.

Una buena comunicación: la clave para un resultado exitoso en el salón

Una gran parte del éxito en un corte o peinado, lo cual se traduce en el regreso del cliente al salón, radica en la buena comunicación con el estilista.
Antes que nada, es bueno recordar aquel dicho que dice: "hablando se entiende la gente". Es por ello que, antes de empenzar a cortar, es importante preguntar y comprender con precisión las expectativas del joven respecto a su nuevo look.
Cuando ellos quieren algo específico, se les puede aconsejar, llevar una re-

vista o una fotografía con el corte o peinado que desean. En muchos casos, puede resultar útil contar con varios catálogos con cortes y peinados de moda.

Si no se cuenta con este material, el estilista deberá pedirles, con amabilidad, que sean precisos respecto al largo y estilo deseado. Es necesario tener paciencia ya que, es probable, que los más jovencitos no hayan ido a la peluquería solos y no sepan expresar bien lo que quieren o también pueden estar avergonzados. Lo importante es establecer un vínculo con ellos, hablar su mismo idioma e, incluso, estar actualizado acerca de los estilos, cortes y peinados que prefieren.

Del mismo modo, es importante que, a mitad del trabajo, se le pregunte si es eso lo que pretenden del corte y qué aspectos se pueden mejorar o corregir. Muchas veces se puede hacer algo para arreglar el corte o peinado a tiempo. Una vez entendido lo que quiere el cliente, es substancial comunicarle cómo el corte puede quedar con su forma de cara, cabeza y estilo personal.

Si el estilista considera que no es apropiado, puede proponer adaptar el corte deseado para que luzca bien en el cliente. Del mismo modo, es importante hacerles saber si el corte requiere mucho trabajo mantenerlo: ya sea que haya que peinarlo varias veces por día o si habrá que cortarlo nuevamente al poco tiempo.

Finalmente, es primordial hacerle saber al joven la importancia de su conformidad con el corte. Por ello, al finalizar, se le puede sugerir regresar dentro de los 4 días siguientes si no ha quedado contento.

Herramientas

A continuación se mencionarán algunos elementos básicos que se emplean en peinados y cortes. Es importante considerar que muchos de ellos pueden utilizarse para ambos procedimientos.

Peinados

Peine de cola: es un peine con mango y cerdas separadas a la misma distancia. Es un elemento de mayor utilidad en los peinados, sobre todo para dividir el cabello en partes, trazar líneas, desenredar mechones y realizar recogidos. Asimismo, es de uso frecuente en mechas localizadas con tintura.

Peine de batir: se trata de un peine con cerdas largas y cortas intercaladas. Como su nombre lo indica, se utiliza para "batir" el cabello: esto se realiza peinando el cabello de las puntas hacia las raíces. Son de utilidad

para hacer tupés y dar volumen.

Cepillo redondo: tiene púas en todo su perímetro y se presenta en diferentes tamaños. Por lo general, se numeran del 1 al 10 de acuerdo a su grosor. El número a emplear depende del largo del cabello: los números más bajos se usan para cabellos cortos y flequillos mientras que, los más elevados se recomiendan para cabellos largos.

Asimismo, el cepillo redondo se utiliza para modelarlo, creando rizos y ondas o simplemente alisándolo durante el secado. Dentro de los cepillos redondos, se encuentran los térmicos fabricados de metal los cuales se usan junto a secador para dar forma al cabello.

Cepillo plano o "araña": como su nombre lo sugiere, es un cepillo con superficie plana y cerdas de un solo lado. Se utiliza para desenredar cabello seco y cuando tiene nudos difíciles.

Silicona líquida: se aplica al finalizar los peinados para quitar el frizz producto del uso del secador o planchas.

Fijador en aerosol: muy útil al terminar cualquier peinado para mantenerlo en su lugar por mucho tiempo y evitar que se desarme (sobre todo en recogidos o bucles en cabellos lacios).

Espuma modeladora (mousse): se aplica, al final de un corte o peinado,

para modelar y marcar rizos u ondas (sobre todo si son naturales).

Gel: es un producto químico empleado para mantener el peinado, con funciones similares al fijador. La diferencia es que el gel deja una apariencia húmeda en el cabello como si estuviera recién lavado. Se puede colocar en el peine para facilitar su aplicación y evitar que el estilista ensucie sus manos.

Spray con brillo: es un aerosol cuya finalidad es dar brillo y vitalidad a los cabellos opacos. Se aplica al final de los peinados y, aunque permite que el cabello luzca mejor, no sirve para fijar con lo cual su uso debe complementarse con otros productos.

Invisibles (horquillas): son herramientas finas y pequeñas que sujetan mechones de cabello sobre todo torzadas, trenzas delgadas, o cuando el cabello se coloca alrededor de las bandas elásticas. Generalmente, se venden en grandes cantidades y, para pasar inadvertidos, se presentan en dos colores: negros (para cabellos oscuros) y bronce o dorado (para cabellos rubios). Muchos vienen decorados con flores, plumas u otros ornamentos. Estos son de utilidad para ocasiones especiales o para las niñas más pequeñas.

Ganchos: vienen de variados tamaños y se usan en cortes y peinados, sobre todo cuando se desea separar una parte importante de cabello para trabajar con otra. Por lo general, cuando se concluye el peinado, se quitan.

Pinzas de metal: son objetos metálicos que constan de dos piezas unidas en un extremo que se presiona permitiendo su apertura.Las pinzas se utilizan con el mismo objetivo que los ganchos, solo que separan partes pequeñas del cabello como el flequillo o los laterales. De igual forma, sirven para sujetar anillos de cabello o, junto a los ruleros, para dar forma y movimiento al peinado. Por lo general, se dejan un rato y, luego de aplicar fijador, se quitan.

Bandas elásticas: al igual que las herramientas anteriores, sujetan el cabello y se venden en grandes cantidades. La diferencia es que estas se utilizan para peinados que impliquen el cabello recogido. Es decir, se usan para sujetar colas o medias colas de caballo, trenzas o rodetes. Para evitar que se vean, se cubren con el mismo cabello o, cuando el peinado lo permite, se cortan una vez realizado el recogido.

Plancha o alisadora de pelo: es una herramienta para dejar el cabello más lacio. Viene en distintos tamaños y está regulada en diferentes temperaturas lo cual la convierte en un electrodoméstico adaptable a todo tipo de cabello. Además, puede utilizarse para formar rizos al enroscar el cabe-

llo alrededor de ella y deslizar hacia las puntas. Es importante aplicarla sobre el cabello seco.

Rizador: es un aparato para formar rizos y, además, lograr una terminación redondeada de las puntas. Al igual que la plancha, se presenta en distintos tamaños que permiten lograr un grosor diferente de rizos. Su uso es simple: con el cabello seco, se enrosca un mechón alrededor de la rizadora, se presiona durante 10 segundos y se suelta. También el rizador se puede colocar en las puntas del cabello en sentido horizontal logrando un efecto similar al brushing.

Cortes

Rociador: es un dispositivo que posee un pulverizador en el extremo el cual permite humedecer el cabello con agua. Es ideal cuando el cliente no desea lavar su cabello pero sí cortarlo.

Peine de corte: es un peine cuyas cerdas están separadas de manera variada. En un extremo, las cerdas están distanciadas por espacios más amplios mientras que, en el otro, son más estrechos. Esto se debe a que, antes de cortar, cuando el cabello está húmedo, hay que desenredar distintas texturas: los cabellos ondulados requieren cerdas más separadas mientras que, los cabellos lacios se desenredan con las cerdas angostas.

Tijeras: es una de las herramientas más importantes. Normalmente, las más usada son las de 5.5 y 6 pulgadas (14 centímetros) que se adaptan a cualquier mano. Los materiales son variados: cobalto, carbono y titanio. Este último ha ganado espacio debido a que evita alergias y prolonga la duración del filo.

Tijera de filo duro: son las tijeras tradicionales de dos hojas con filo recto. Se usan en cualquier tipo de cabello y corte para reducir largos o cortar en cantidad. Asimismo, afila las puntas permitiendo un movimiento natural en el cabello.

Tijera de entresacar: es un tipo de tijera con las dos hojas dentadas que no reduce el largo sino que quita volumen del cabello. Por ello, se utiliza en cabellos gruesos y cuantiosos. Por otra parte, es importante manipular esta herramienta con cuidado ya que podrían quedar algunos mechones muy cortos, dejando la apariencia de "agujero" en la cabeza.

Navaja: la navaja permite crear textura y reducir el exceso de volumen del cabello, agregando suavidad y movimiento. Este material puede utilizarse como una técnica para crear un corte o como un acompañamiento de la tijera como se verá en varias ocasiones en este libro. Su uso se recomienda para mujeres u hombres con el cabello lacio o moderadamente ondulado. Por otra parte, es importante destacar que quienes utilicen las navajas deben poseer destreza dado que los filos son peligrosos y podrían provocar accidentes.

rramienta se le puede agregar difusor o concentrador de calor. El primero de ellos distribuye el calor de manera uniforme, seca cabellos ondulados y sirve para dar volumen mientras que, el segundo, fuerza el paso del aire a través de un espacio estrecho, permitiendo trabajar en pequeñas zonas sin afectar al resto de tu peinado.

Forma de la cara

El formato del rostro juega un papel fundamental en la decisión del corte. Por ello es importante que los jóvenes y los estilistas conozcan las formas más frecuentes para efectuar los cortes y peinados que resalten los rasgos más favorecedores o disimulen ciertas imperfecciones.

Del mismo modo, es importante que tanto el estilista como el cliente perciban las partes sobresalientes del rostro y su prominencia: nariz, huesos de las mejillas, o la línea de la mandíbula. Estos rasgos no pueden modificarse pero sí se pueden disimular o acentuar con un corte o peinado. La clave está en escoger estilos que hagan sobresalir sus mejores puntos y oculten los puntos débiles.

La clasificación sobre formas de cara puede servir de guía para la estilista y así ayudar a encontrar un mejor peinado para cada rostro. Asimismo, también resulta de utilidad para aplicar maquillaje y elegir un par de lentes que queden bien con la cara.

Máquina de rasurar: es una herramienta eléctrica que se emplea para cortar el cabello de distintos largos de acuerdo al cortapeine, peineta o cabezal que se coloque en el extremo en contacto con el cabello. Los cortapeines se enumeran del 1 al 5 siendo los números más bajos los que cortan más cerca de la raíz. Se debe considerar que, dependiendo del fabricante, esta numeración podría cambiar. Esta máquina se usa sobre cabello seco y corta extensiones importantes de cabello. Generalmente, se pasa desde la nuca hacia la parte superior de la cabeza.

Máquina para quitar pelusa: también denominada "pelusera" o "pati-

llera" debido a que sirve para cortar patillas y pelusas del cuello eliminando el cabello sobrante. Esta máquina otorga terminaciones más prolijas a los cortes (sobre todo de los hombres) y se utiliza para repasar algunas partes del cabello o para cortar las puntas del flequillo.

Secador: no solo sirve para secar el cabello sino también para darle forma luego del corte. Emite aire frío para asentar el peinado y caliente, para modelar el cabello. No se lo debe acercar mucho al cuero cabelludo para no dañarlo aunque el peluquero puede colocarlo en distintas posiciones para darle forma al mechón, sobre todo cuando se hace brushing. A esta he-

FORMA DE LA CARA

Cara de Diamante: el rostro reproduce la forma de la piedra y posee frente estrecha, mentón anguloso y mejillas prominentes. Para crear una apariencia equilibrada entre la frente y el mentón respecto a los pómulos, se deben evitar los cortes cortos. Es necesario buscar estilos que despejen la frente y la barbilla cubriendo las mejillas para que se vean más estrechas. Por ello, debe usarse el cabello medio o largo y peinarse de manera que quede lacio en las raíces y medios y con volumen en las puntas para compensar. El flequillo puede usarse hacia un lado.

Cara en forma de corazón: al igual que la anterior reproduce una forma de un objeto conocido. La forma de corazón se traduce en un rostro con frente amplia y corta, y mentón pequeño y anguloso. Los estilos apropiados son el corte tipo bob (una melena lacia con flequillo y la nuca descubierta) en capas con volumen y puntas hacia fuera, al nivel del mentón. Los cortes asimétricos son también apropiados.

Cara Rectangular: se trata de rostros cuyo maxilar es tan ancho como las sienes. Los cortes indicados para este tipo de caras son los desmechados que tienen el largo del mentón o el hombro. Si se desea, se puede agregar un flequillo irregular (el recto no se recomienda porque "acorta" el rostro).

Cara Cuadrada: son rostros con frente amplia y corta y una mandíbula cuadrada. Los cortes y peinados que favorecen a las personas con este tipo de cara son aquellos que "ablandan" los bordes cuadrados rompiendo la simetría. Se pueden realizar capas graduadas con algo de volumen y bucles suaves. Asimismo, se puede optar por un flequillo (también en capas) que caiga sobre las cejas, a los lados de la cara o hacia el costado.

Cara Triangular: se trata de un rostro angosto y cerrado en las sienes, ligeramente más ancho en las mejillas y el mentón. La mayoría de los cortes de pelo cortos sirven para este estilo de cara. Se deben evitar los estilos desmechados o con volumen.

Cara Redonda: este tipo de rostros se caracteriza por tener los pómulos pronunciados con frente amplia y corta. La mayoría de los cortes de pelo corto quedan bien en las caras redondas, siempre que haya altura en la parte superior de la cabeza (área de la cúspide o corona) y poco volumen sobre los oídos para reducir la redondez. Asimismo, los cortes largos en capas con mechas a la altura del mentón alargan el rostro.

Cara Ovalada: este tipo de rostro posee frente alta y estrecha y mentón ligeramente redondo; es balanceado y casi perfecto para cualquier corte y peinado. Acentuar ligeramente el volumen a los costados para que la cara se vea más simétrica puede ser una buena opción. Por otra parte, se debe evitar la creación de demasiado volumen en la parte superior, sino la cara se verá más alargada. Asimismo, si el cabello es espeso, es recomendable realizar un flequillo abundante. Por el contrario, con cabello fino, un flequillo ondulante o largos mechones lucirá muy bien.

CORTES

MINI RODETES CON TORZADAS

Rocío González Barros
18 años
Cabello largo, con ondas, castaño

1. Con peine de cola, trazar una línea vertical en el lateral derecho. Separar en dos partes: inferior y superior. Sujetar con pinzas de metal.

2. Tomar la parte inferior del lateral derecho y dividirla en tres. Empezar a formar una trenza cosida que llegue al centro de la cabeza incorporando cabello cercano a la oreja. Sujetar con una banda elástica.

3. Tomar el mechón superior del mismo lateral y dividirlo en tres. Realizar una nueva trenza contigua a la primera. Sujetar con una banda elástica.

4. Trazar una línea vertical en el lateral izquierdo y realizar una trenza cosida en la cúspide de la cabeza. Unir al resto de las trenzas y sujetar con una banda elástica.

5. Realizar una última trenza cosida en el lateral izquierdo cerca de la oreja. Sujetar con una banda elástica.

6. Enroscar esta trenza sobre sí misma formando un rodete. Sujetar con un invisible y, con tijera de corte, cortar la banda elástica.

7. Repetir este procedimiento en las tres trenzas restantes, cortar las bandas elásticas y sujetar con invisibles.

8. Desenredar el resto del cabello sin trenzar y dividirlo en tres partes. Tomar una de ellas y formar una torzada desde la nuca hacia el centro de la cabeza. Sujetar con un invisible.

9. Repetir esta acción en los dos mechones restantes.

10. Tomar medios y largos de las torzadas y batir medios y puntas con el peine correspondiente. Aplicar spray con brillo.

MAQUILLAJE

Parpado fijo verde oscuro

Parpado móvil verde claro

Delineado negro

Rubor marrón oscuro

Gloss rosa

FLEQUILLO CON CONTORNO REDONDEADO

Gisela Luque
20 años
Cabello largo, lacio, rubio claro

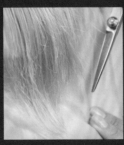

1. Humedecer todo el cabello con rociador y desenredar con el peine de corte.

2. Trazar una raya vertical en la mitad de la cabeza y peinar el cabello hacia atrás. Con tijera de filo duro, cortar en horizontal las puntas abiertas (florecidas).

3. Repetir este procedimiento en todo el cabello cortando a 2 o 3 centímetros de las puntas para mantener el largo. Conservar la forma de U con la que se peina la joven.

4. Trazar dos diagonales que separen el flequillo y peinarlo hacia adelante. Colocar los dedos índice y mayor para marcar el largo y cortar las puntas en diagonal logrando un flequillo de costado.

5. Secar y modelar con brushing que remarque el rebajado leve.

MAQUILLAJE

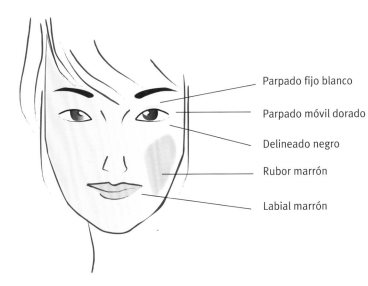

Parpado fijo blanco

Parpado móvil dorado

Delineado negro

Rubor marrón

Labial marrón

FLEQUILLO REBAJADO

Vanina Savo
18 años
Cabello largo, lacio, rubio oscuro

1. Humedecer el cabello con rociador, aplicar crema para peinar y desenredar con las cerdas delgadas del peine de corte.

2. Trazar una raya vertical y peinar el cabello hacia atrás. Colocar una tabla de cartón y cortar las puntas con tijera de filo duro en horizontal para lograr un corte recto.

3. Trazar dos diagonales que separen el flequillo y peinarlo hacia adelante. Marcar el largo con los dedos índice y mayor y cortar las puntas de manera recta.

4. Separar y desenredar los laterales. Con la tijera colocada en diagonal (mirando hacia abajo) rebajar estas partes del cabello.

5. Peinar el resto del cabello y cortar las puntas con la tijera en diagonal rebajando esta parte del cabello.

6. Secar y modelar con brushing que remarque el rebajado leve.

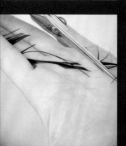 

MAQUILLAJE

Parpado fijo rosa claro

Parpado móvil rosa oscuro

Delineado negro

Rubor rosa oscuro

Labial rosa

REBAJADO EN FORMA DE V

Katja Müller
18 años
Cabello largo, lacio, rubio

1. Humedecer el cabello con rociador y peinar con las cerdas anchas del peine de corte.

2. Separar la cúspide de la cabeza con el peine de corte y peinar hacia arriba.

3. Cortar las puntas con la tijera de filo duro en diagonal (mirando hacia arriba), rebajando esta parte del cabello.

4. Peinar todo el cabello hacia atrás y marcar, desde los laterales hacia atrás, el contorno en forma de V reduciendo el largo. Los costados deben ser simétricos.

5. Separar el lateral izquierdo y peinarlo hacia adelante. Con la tijera colocada en diagonal (mirando hacia abajo), rebajar esta parte del cabello.

6. Repetir el procedimiento en el lateral derecho para lograr un rebajado desde el mentón hacia las puntas.

7. Trazar una línea vertical que divida al cabello en dos (salvo los laterales). Peinar la parte derecha y cortar con la tijera en diagonal. Repetir el procedimiento en el otro sector del cabello.

8. Secar y peinar con brushing.

MAQUILLAJE

Parpado fijo verde claro

Parpado móvil verde

Delineado negro

Rubor marrón oscuro cremoso

Labial gloss rosa

CORTE DE PUNTAS CON DESMECHADO

Natasha Ríos
19 años
Cabello largo, con ondas, rubio oscuro

1. Trazar una línea vertical que divida el cabello a la mitad y humedecer el cabello con rociador.

2. Separar los laterales con una raya horizontal y continuar humedeciendo el cabello con rociador.

3. Formar una curva en forma de U que divida al cabello en parte inferior y superior. Sujetar esta última con un gancho.

4. Con la tijera de filo duro en vertical (apuntando hacia arriba), cortar las puntas del cabello de la parte inferior.

5. Desprender la parte superior del cabello y dividirla en dos de modo que se unifique con los laterales.

6. Desenredar el lateral izquierdo y, con la tijera colocada en horizontal, cortar de manera recta esta parte del cabello. Repetir este procedimiento en el lateral opuesto.

7. Tomar mechones de todas las partes de la cabeza y cortar con tijera de entresacar a distintas distancias para desmechar el cabello y reducir su volumen.

8. Modelar con silicona.

MAQUILLAJE

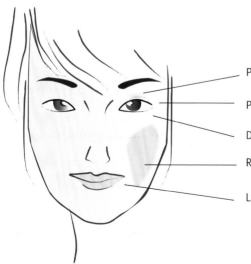

Parpado fijo dorado

Parpado móvil dorado y morado

Delineador morado

Rubor marrón

Labial gloss marrón

CAPA DESMECHADA

Daniela Corredera
19 años
Cabello largo, con ondas, castaño

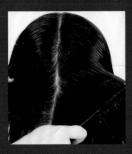 

1. Humedecer el cabello con rociador, aplicar crema de peinar y trazar una línea vertical que divida el cabello a la mitad. Desenredar el cabello.

2. Tomar el lateral derecho y, con tijera de filo duro, cortar las puntas.

3. Colocar la tijera en diagonal (apuntando hacia abajo) y rebajar levemente esta parte del cabello.

4. Repetir el procedimiento en el lateral opuesto rebajando levemente las puntas.

5. Peinar el resto del cabello y dividirlo en dos partes: inferior y superior. Sujetar esta última con un gancho.

6. Tomar un mechón de la parte media de la cabeza (entre la nuca y la cúspide) y cortar con tijera de entresacar desmechando el cabello.

7. Reiterar esta acción en otro mechón a la misma altura para formar un desmechado en una sola capa de cabello.

8. Cortar las puntas abiertas de todo el cabello con la tijera de filo duro en horizontal.

9. Remarcar los rizos con las manos y silicona.

MAQUILLAJE

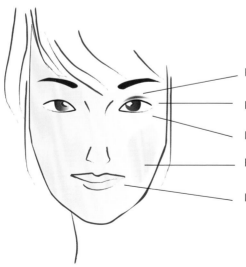

Parpado fijo gris claro

Parpado móvil gris y negro

Delineador negro

Rubor marrón claro

Labial rosa claro

CARRÉ DESMECHADO

Gabriela Chaves
20 años
Cabello largo, lacio, rubio claro

1. Aplicar crema para peinar en todo el cabello y desenredar con las cerdas anchas del peine de corte. Separar la capa de la nuca y sujetar el resto del cabello con un gancho.

2. Marcar el largo deseado con los dedos índice y mayor y, con tijera de filo duro en horizontal, cortar el cabello sobre los hombros.

3. Tomar un mechón de la nuca y, con la navaja colocada en sentido horizontal, "desmechar" medios y puntas quitando volumen.

4. Desprender una capa de cabello de la parte superior y desenredar con peine de corte.

5. Cortar con la tijera de filo duro de acuerdo al largo establecido en los pasos anteriores.

6. Desmechar varios mechones con navaja desde los medio hasta las puntas aumentando el volumen en las capas superiores. Repasar colocando la navaja en sentido horizontal y detrás de cada mechón.

7. Humedecer con rociador el resto del cabello, desprender una capa y cortar con tijera de filo duro a la misma altura que las capas anteriores.

8. Continuar desprendiendo capas de la parte superior de la cabeza. Desmechar medios y puntas con la navaja colocada detrás del cabello y cortar sobre los hombros con tijera de filo duro.

9. Cortar las puntas del cabello con navaja para lograr una terminación "afilada".

10. Modelar con mousse para lograr movimiento y hacer brushing en el flequillo.

MAQUILLAJE

Parpado fijo verde claro

Parpado móvil verde

Delineado negro

Rubor marrón

Labial rosa

VOLUMEN SIN REDUCIR EL LARGO

Ángeles García Bavio
18 años
Cabello largo, lacio, castaño cobrizo

1. Humedecer el cabello con rociador y peinar hacia atrás con el peine de corte.

2. Trazar una curva en forma de V que divida el cabello en cuatro: laterales, parte superior e inferior. Sujetar el sector superior con un gancho grande.

3. Tomar un mechón de la parte inferior y repasar medios y puntas con la tijera de filo duro colocada en diagonal (apuntando hacia abajo) y al ras del cabello, quitando volumen.

4. Desprender una capa de la parte superior y cortar, con la navaja en horizontal, medios y puntas.

5. Soltar el resto del cabello y repetir el procedimiento reduciendo el volumen con navaja en medios y puntas. Pasar esta herramienta más de una vez en cada mechón para concentrar el volumen en la cúspide.

6. Desmechar medios y puntas de los laterales repitiendo el procedimiento realizado.

7. Secar y hacer brushing con las puntas hacia afuera.

MAQUILLAJE

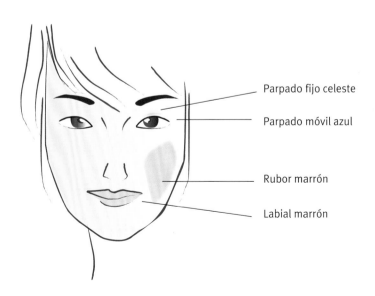

Parpado fijo celeste

Parpado móvil azul

Rubor marrón

Labial marrón

DESMECHADO Y REBAJADO EN PUNTAS

Melina Gordano
18 años
Cabello largo, lacio, rubio

1. Humedecer el cabello con rociador y aplicar crema para peinar. Desenredar y formar una curva en forma de U con el peine de corte. Sujetar la parte superior con un gancho.

2. En la parte inferior del cabello, marcar el largo deseado con los dedos y cortar con la tijera de filo duro en horizontal.

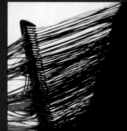

3. Repetir el procedimiento en el resto de cabello de la parte inferior de modo que todo este sector quede del mismo largo.

4. Desprender la parte superior, peinar una capa y cortar con tijera de filo duro en vertical rebajando levemente.

5. Trazar una raya vertical que divida el cabello a la mitad, peinar el lateral hacia adelante y rebajar las puntas con la tijera colocada en diagonal.

6. Repetir esta acción en el lateral opuesto. Verificar que ambos costados sean simétricos.

7. Con el cabello dividido en dos, repasar las puntas con navaja colocada detrás del mechón de cabello.

8. Secar y hacer brushing.

MAQUILLAJE

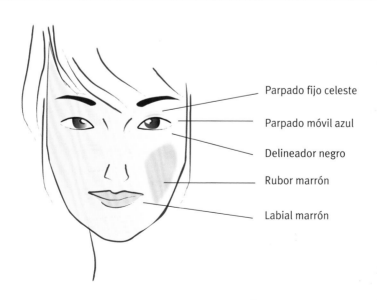

Parpado fijo celeste

Parpado móvil azul

Delineador negro

Rubor marrón

Labial marrón

CARRÉ

Andrea Aranda
23 años
Cabello corto, lacio, castaño

1. Humedecer el cabello con rociador, trazar una raya vertical en el medio de la cabeza y desenredar con el peine de corte.

2. Formar una línea horizontal que separe los laterales del resto del cabello y rociar nuevamente.

3. Remarcar la línea vertical trazada con anterioridad y sujetar la parte superior con dos ganchos grandes.

4. Marcar el largo deseado con los dedos índice y mayor y, con tijera de filo duro en horizontal, cortar los últimos 2 centímetros de cabello.

5. Desprender una capa de cabello de la parte superior- izquierda y cortar de acuerdo al largo establecido.

6. Soltar la otra mitad y repetir el procedimiento. Unir con el costado izquierdo y cuidar que ambas partes queden iguales.

7. Dividir el lateral derecho en dos y, con la navaja colocada en sentido horizontal, desmechar las puntas.

8. Repetir la acción en el otro lateral. Pasar la misma herramienta en las puntas del cabello, detrás de cada mechón.

9. Secar y modelar con brushing.

MAQUILLAJE

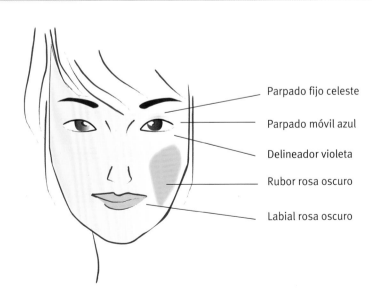

Parpado fijo celeste

Parpado móvil azul

Delineador violeta

Rubor rosa oscuro

Labial rosa oscuro

CORTE EN SECO

Antonella Cuezzo
18 años
Cabello largo, lacio, rubio claro cobrizo

1. Desenredar el cabello con el peine de corte, trazar una raya horizontal que divida el cabello en dos y planchar la parte inferior para alisar el cabello.

2. Trazar una línea horizontal que divida el flequillo en dos. Peinar la parte inferior hacia adelante y cortar las puntas con la máquina para quitar pelusa.

3. Desprender la otra parte del flequillo y cortar con la misma herramienta respetando el largo establecido. Utilizar pinzas de metal para unificar los mechones.

4. Desprender una capa de cabello de la parte superior y continuar alisando con plancha.

5. En la parte inferior, pasar la navaja en vertical de medios hacia las puntas. Repetir este procedimiento con otros mechones del mismo sector del cabello.

6. Separar el lateral izquierdo y, con la navaja colocada en vertical, repasar a 7 centímetros de la raíz hacia las puntas. Repetir el procedimiento en el otro lateral.

7. Desprender la parte restante de cabello y pasar la navaja en medios y puntas.

MAQUILLAJE

Parpado fijo verde claro

Parpado móvil verde oscuro

Delineador negro

Rubor rosa

Labial gloss rosa

CORTE RECTO CON DESMECHADO

Yael Mancussi
18 años
Cabello largo, con ondas , castaño

1. Humedecer el cabello con rociador y desenredar. Formar dos rayas, horizontal y vertical, que divida al cabello en tres.

2. Elevar uno de los laterales y, con tijera de filo duro en vertical, cortar las puntas.

3. Repetir este procedimiento con el otro lateral. Cuidar que ambos costados queden simétricos.

4. Dividir la cúspide en dos por medio de una raya vertical. Tomar el mechón derecho, colocarlo hacia arriba y cortar las puntas.

5. Reiterar la acción en la mitad izquierda.

6. Tomar cabello de la parte media y nuca, separar mechones y cortar las puntas (últimos 5 o 6 centímetros) con la tijera de entresacar.

7.Peinar hacia el costado y marcar las ondas con silicona.

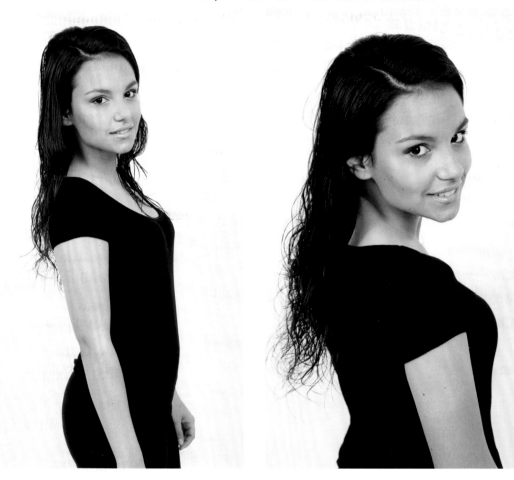

MAQUILLAJE

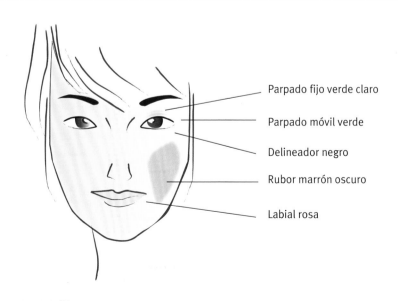

Parpado fijo verde claro

Parpado móvil verde

Delineador negro

Rubor marrón oscuro

Labial rosa

REBAJADO A LOS HOMBROS

Antonella Murchio
21 años
Cabello largo, lacio, castaño claro

 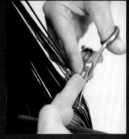

1. Humedecer todo el cabello con rociador y desenredar con el peine de corte. Separar los laterales y dividir el resto del cabello en dos: capa de la nuca y parte superior.

2. Con tijera de filo duro en horizontal, cortar el cabello de la capa de la nuca a la altura de los hombros.

3. Desprender capas de la parte superior, desenredar y cortar siguiendo el largo de la capa anterior.

4. Peinar la parte superior hacia arriba y cortar con la tijera de filo duro en vertical (mirando hacia abajo) para rebajar esta parte del cabello.

5. Repetir el procedimiento con la tijera en diagonal apuntando hacia arriba.

6. Continuar con el cabello en esta posición y desmechar las puntas con tijera de entresacar.

7. Separar los laterales y cortar las puntas con tijera de filo duro. Colocar la navaja detrás de un mechón de cabello y repasar desde el medio hasta las puntas reduciendo su volumen.

8. Repetir el procedimiento con algunos mechones del flequillo para peinarlo hacia el lateral izquierdo y lograr continuidad.

9. Cortar las puntas del lateral derecho con tijera de filo duro y repasar con navaja medios y puntas de modo que el largo de los laterales sea el mismo.

10. Secar y realizar brushing para remarcar el corte.

MAQUILLAJE

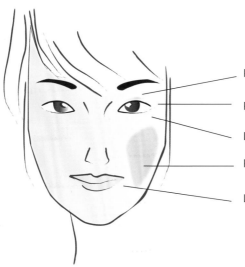

Parpado fijo blanco

Parpado móvil dorado, violeta y rosa

Delineado negro

Rubor marrón

Labial brillo

REBAJADO EN V CON FLEQUILLO

Paula Castro
18 años
Cabello largo, con ondas, castaño oscuro

1. Humedecer el cabello con rociador y desenredar con el peine de corte. Peinar el flequillo hacia adelante y sujetar el resto del cabello con pinzas de metal.

2. Dividir el flequillo en dos con una raya horizontal. Marcar el largo con los dedos índice y mayor y, con la tijera de filo duro en horizontal, cortar el flequillo a la altura de las cejas. Peinar y emparejar las puntas.

3. Recortar los costados del flequillo en diagonal para integrarlos a los laterales del cabello.

4. Tomar la otra capa del flequillo y cortarla del mismo largo. Recortar los costados nuevamente.

5. Separar los laterales y trazar una línea horizontal que divida esta parte del cabello en dos.

6. Con tijera de filo duro en diagonal, marcar, desde los laterales hacia atrás, un contorno en forma de V reduciendo el largo. Los costados deben ser simétricos.

7. Repasar las puntas de ambos costados con la tijera en diagonal (mirando hacia arriba). Desprender cabello de la cúspide de la cabeza y continuar remarcando el contorno en forma de V con tijera de filo duro.

8. Reiterar este procedimiento con todo el cabello y repasar las puntas de ambos laterales.

9. Secar y modelar con brushing.

MAQUILLAJE

Parpado fijo verde claro

Parpado móvil verde oscuro

Delineado negro

Rubor rosa oscuro cremoso

Labial rosa

CORTE EN DESNIVEL

Luciana Thill
19 años
Cabello largo, lacio, rubio oscuro

1. Humedecer el cabello con rociador, aplicar crema para peinar y desenredar con el peine de corte. Trazar una curva en forma de U que divida al cabello en cuatro: laterales, parte inferior y superior. Sujetar esta última con un gancho grande.

2. Desmechar medios y puntas de la parte inferior del cabello con la navaja en horizontal.

3. Con tijera de filo duro en horizontal, cortar el cabello de la parte inferior debajo de los hombros.

4. Desprender una capa de la parte superior, desenredar y cortar encima del largo establecido en el paso anterior.

5. Tomar el resto de la parte superior y peinar hacia arriba. Cortar las puntas con la tijera de entresacar en horizontal para lograr un desmechado en esta parte del cabello.

6. Trazar una raya vertical en el lateral izquierdo y peinar el cabello hacia el costado opuesto. Cortar con la navaja en diagonal formando un flequillo que se integre al lateral derecho.

7. Secar y hacer brushing.

MAQUILLAJE

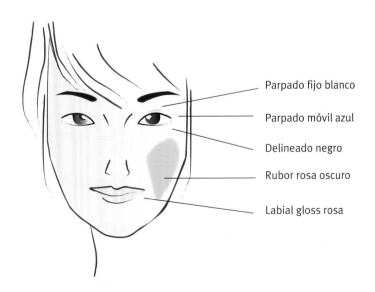

Parpado fijo blanco

Parpado móvil azul

Delineado negro

Rubor rosa oscuro

Labial gloss rosa

DESMECHADO CON VOLUMEN

Nadia Kasek
20 años
Cabello largo, con rizos, castaño claro

1. Humedecer todo el cabello con rociador. Desenredar con las cerdas anchas del peine de corte ya que se trata de un cabello con rizos.

2. Trazar dos líneas perpendiculares que dividan el cabello en cuatro: laterales, parte superior e inferior. Sujetar el sector superior con un gancho grande.

3. Tomar un mechón de la parte inferior y, con la navaja colocada en sentido horizontal, "desmechar" medios y puntas del cabello quitando volumen.

4. Desprender un mechón de la parte superior y colocar el cabello hacia arriba enroscándolo sobre sí mismo.

5. Repasar con navaja desde el medio hasta las puntas cortando el largo del cabello y aumentando el volumen en las capas superiores. Repetir el procedimiento con otros mechones de la parte superior.

6. Separar el flequillo y sujetar con un gancho. En los laterales, "desmechar" medios y puntas repitiendo el procedimiento realizado en la parte inferior.

7. Separar el flequillo y recortar medios y puntas colocando la navaja detrás del flequillo para lograr que tenga forma. Remarcar los rulos con espuma y hacer brushing en el flequillo.

MAQUILLAJE

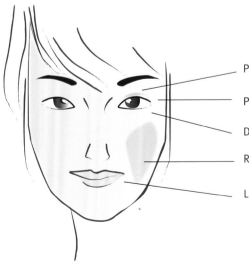

Parpado fijo iluminador

Parpado móvil rosa con naranja

Delineado negro

Rubor piel

Labial perlado

REBAJADO MEDIO

Alejandra Chaves
24 años
Cabello largo, con ondas, rubio claro

1. Humedecer el cabello con rociador, aplicar crema para peinar y desenredar con las cerdas anchas del peine de corte.

2. Trazar dos líneas diagonales que separen el flequillo. Peinarlo hacia arriba y cortar las puntas con tijera de filo duro en diagonal para rebajar esta parte del cabello.

3. Desenredar el lateral izquierdo y, con la tijera colocada en diagonal (mirando hacia abajo), rebajar esta parte del cabello.

4. Repetir el procedimiento en el lateral derecho y rebajar desde el mentón hacia las puntas.

5. Colocar una tabla de cartón y formar, con la tijera de filo duro en diagonal (mirando hacia el piso), una V en el resto del cabello.

6. Trazar una línea vertical que divida al cabello en dos excluyendo a los laterales. Peinar la parte izquierda hacia el costado y cortar con la tijera en diagonal.

7. Tomar un mechón de la parte superior del cabello y, con tijera de entresacar, cortar a 8 centímetros de la raíz. Repetir este procedimiento en varios mechones de la parte superior para concentrar el volumen en esta parte del cabello.

MAQUILLAJE

Parpado fijo verde claro

Parpado móvil verde

Delineado negro

Rubor rosa oscuro

Labial rosa claro

REBAJADO CON DESMECHADO LEVE

Nicole Castro
20 años
Cabello largo, con ondas, castaño oscuro

1. Humedecer el cabello con rociador, desenredar y formar una raya horizontal con el peine de corte. Sujetar la parte superior con un gancho.

2. Marcar el largo deseado con los dedos en la parte inferior del cabello y cortar con la tijera de filo duro en horizontal.

3. Elevar el cabello de la parte superior y cortar con tijera de filo duro en vertical desmechando las puntas.

4. Trazar una raya vertical que divida el cabello en dos, peinar la mitad derecha hacia arriba, humedecer el cabello nuevamente y cortar las puntas con la tijera en vertical.

5. Repetir este procedimiento en la otra mitad y, colocando el cabello hacia adelante, rebajar las puntas con la tijera en diagonal (apuntando hacia abajo).

6. Soltar la otra mitad y repetir el procedimiento. Unir con el costado izquierdo y cuidar que ambas partes queden iguales.

6. Con navaja colocada detrás de un mechón del lateral izquierdo, repasar medios y puntas.

7. Cortar con la navaja en horizontal y también en vertical desmechando las puntas de ambos laterales.

MAQUILLAJE

Parpado fijo verde

Parpado móvil negro

Delineador negro

Rubor rosa oscuro

Labial rosa

REBAJADO CON CONTORNO REDONDO

Belén Bojorque
19 años
Cabello largo, lacio, rubio

1. Humedecer el cabello con rociador, aplicar crema para peinar y desenredar con el peine de corte colocando la cabellera hacia atrás.

2. Trazar dos líneas diagonales que separen el flequillo. Colocarlo hacia arriba y cortar las puntas con tijera de filo duro en horizontal.

3. Peinar el resto de la cúspide de la cabeza hacia arriba y cortar con la tijera levemente en diagonal (apuntando hacia arriba) para continuar desmechando.

4. Separar el lateral izquierdo y cortar las puntas con la tijera colocada levemente en diagonal (apuntando hacia abajo).

5. Repetir el procedimiento en el lateral derecho y rebajar levemente hacia las puntas. Comprobar que ambos laterales sean simétricos.

6. Peinar el resto del cabello hacia atrás y cortar las puntas desde el centro hacia los laterales con la tijera en diagonal (apuntando hacia arriba) para lograr un contorno en forma de U.

7. Unir el resto del cabello con los laterales y acentuar el rebajado en estas partes.

8. Secar y modelar con brushing.

MAQUILLAJE

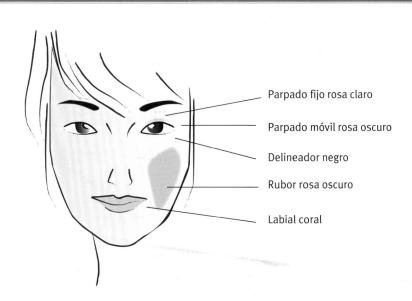

Parpado fijo rosa claro

Parpado móvil rosa oscuro

Delineador negro

Rubor rosa oscuro

Labial coral

CAPAS EN LAS PUNTAS

Luciana Ropolo
19 años
Cabello largo, con ondas, castaño

1. Humedecer el cabello con rociador, aplicar crema para peinar y desenredar con el peine de corte. Trazar dos diagonales que separen el flequillo, peinarlo hacia arriba y cortar las puntas con tijera de filo duro.

2. Colocar esta parte del cabello hacia adelante y rebajar con tijera de filo duro en diagonal para integrar el flequillo al lateral derecho.

3. Trazar una raya horizontal que divida al cabello en dos partes: inferior y superior. Sujetar esta última con un gancho.

4. Con la tijera de filo duro en vertical, cortar las puntas del cabello de la parte inferior.

5. Desprender la parte superior, desenredar y cortar con la tijera en diagonal encima del largo establecido en el paso anterior para formar las capas.

6. Trazar una raya vertical que divida el cabello a la mitad y, con la tijera en diagonal (mirando hacia abajo), rebajar las puntas.

7. Repetir el procedimiento en la otra mitad rebajando las puntas desde los laterales hacia atrás.

8. Secar y modelar formando rizos en las puntas.

MAQUILLAJE

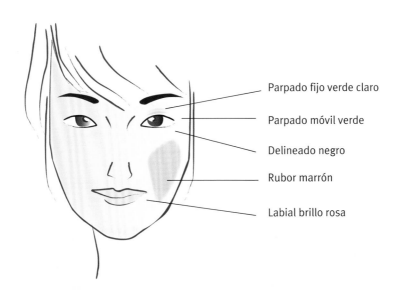

Parpado fijo verde claro

Parpado móvil verde

Delineado negro

Rubor marrón

Labial brillo rosa

CAPAS CON FLEQUILLO LATERAL

Rocío Puglia
18 años
Cabello largo, con ondas, castaño oscuro

1. Humedecer el cabello con rociador, aplicar crema para peinar y desenredar con el peine de corte.

2. Trazar una raya vertical en el lateral izquierdo y peinar el cabello para el costado opuesto. Tomar el lateral derecho y cortar con la tijera de filo duro en diagonal formando un flequillo lateral largo.

3. Peinar el resto del cabello hacia atrás y cortar las puntas con la tijera de filo duro en horizontal.

4. Separar el flequillo, peinar hacia arriba y cortar con la tijera en horizontal quitando las puntas florecidas.

5. Peinar hacia adelante y cortar en diagonal para rebajar esta parte del cabello e integrarlo al anterior flequillo.

6. Tomar el cabello de la parte media y la nuca de la cabeza y cortar los últimos 4 centímetros con la tijera de filo duro horizontal formando una capa.

7. Trazar dos líneas en forma de V en el centro de la cabeza. Peinar la cúspide hacia arriba y cortar con la tijera levemente en diagonal.

8. Secar y peinar con brushing.

MAQUILLAJE

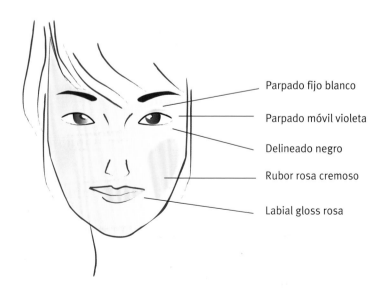

Parpado fijo blanco

Parpado móvil violeta

Delineado negro

Rubor rosa cremoso

Labial gloss rosa

CORTE EN CAPAS CON FLEQUILLO

María Gracia Pernia
24 años
Cabello largo, con ondas, castaño oscuro

1. Humedecer el cabello con rociador. Con peine de corte, separar la cúspide de la cabeza y peinarla hacia arriba.

2. Con tijera de filo duro en horizontal, cortar las puntas de esta parte del cabello. Sujetar con un gancho.

3. Peinar el flequillo hacia adelante y dividirlo en dos capas. Marcar el largo con los dedos índice y mayor y, con la tijera de filo duro en horizontal, cortar los últimos 4 centímetros.

4. Soltar la otra capa de flequillo y cortar de acuerdo al largo establecido.

5. Recortar los costados del flequillo en diagonal para lograr una continuidad entre este y los laterales del cabello.

6. Separar los laterales y cortar con la tijera de filo duro en diagonal (apuntando hacia abajo) de manera que ambos costados queden simétricos.

7. Con tijera de filo duro en diagonal, marcar, desde los laterales hacia atrás, un contorno en forma de U reduciendo el largo.

8. Trazar dos rayas verticales en la parte media de la cabeza y peinar el cabello hacia el costado. Cortar las puntas con la tijera en diagonal para crear una capa.

9. Tomar la otra parte del cabello y repetir el procedimiento cortando en diagonal y creando una nueva capa.

10. Desprender el cabello de la cúspide, peinar hacia arriba y cortar las puntas con tijera de filo duro en horizontal.

11. Secar y modelar con brushing marcando las distintas capas.

MAQUILLAJE

Parpado fijo blanco

Parpado móvil marrón

Delineador verde oscuro

Rubor marrón oscuro

Labial rosa con brillo

FLEQUILLO LATERAL CON CAPAS

Florencia Cassella
21 años
Cabello largo, con ondas, castaño oscuro

1. Humedecer el cabello, aplicar crema para peinar y desenredar con el peine de corte. Colocar el flequillo hacia el costado derecho y repasar con la navaja medios y puntas.

2. Dividir el flequillo en dos y sujetar la parte superior con un gancho. Cortar las puntas de la parte inferior con la navaja colocada detrás del mechón.

3. Unir esta parte del cabello al lateral derecho y desmechar con tijera de entresacar a 7 centímetros de la raíz.

4. Peinar el cabello hacia atrás y, con tijera de filo duro en diagonal, cortar las puntas formando una U conservando el largo.

5. Repetir este procedimiento al aproximarse a los laterales para definir el contorno y lograr una continuidad en el corte.

6. Separar el cabello de la cúspide y colocarlo hacia arriba. Cortar las puntas con la tijera de filo duro en diagonal formando una capa de cabello más corta que las anteriores (8 centímetros menos).

7. Secar y modelar con brushing hacia el costado para resaltar el flequillo.

MAQUILLAJE

Parpado fijo blanco

Parpado móvil marrón

Delineador verde oscuro

Rubor rosa oscuro

Labial rosa oscuro

PUNTAS RECTAS

Victoria Díaz
18 años
Cabello largo, con ondas, rubio claro

1. Humedecer el cabello con rociador, aplicar crema para peinar y desenredar con el peine de corte.

2. Trazar una curva en forma de U que divida el cabello en cuatro: laterales, parte superior e inferior. Sujetar esta última con un gancho grande.

3. Con tijera de filo duro en horizontal, cortar las puntas (últimos 12 centímetros) de la parte inferior. Utilizar los dedos índice y mayor para marcar el largo.

4. Desprender la parte superior, desenredar y cortar con la tijera en horizontal de acuerdo al largo establecido en el paso anterior.

5. Desenredar el lateral derecho y cortar siguiendo el largo de la parte inferior.

6. Trazar una raya vertical en el lateral izquierdo y peinar el cabello hacia el costado opuesto. Cortar con tijera de filo duro en horizontal respetando el largo establecido.

7. Unificar la parte superior con el resto del cabello y desenredar. Cortar con la tijera en horizontal para que quede igual que el resto del cabello.

8. Secar y modelar haciendo brushing.

MAQUILLAJE

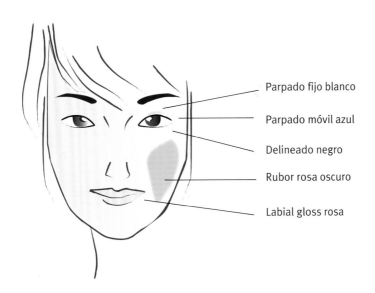

Parpado fijo blanco

Parpado móvil azul

Delineado negro

Rubor rosa oscuro

Labial gloss rosa

REBAJADO EN DOS CAPAS

Maira Martínez
24 años
Cabello largo, lacio, rubio oscuro

1. Trazar una raya horizontal en el centro de la cabeza y separar los laterales. Sujetarlos con pinzas de metal.

2. Marcar con peine de corte una línea vertical la parte central y en la nuca. Peinar hacia afuera.

3. Humedecer el cabello con rociador y desenredar con el peine de corte.

4. Con la tijera de filo duro en vertical (mirando hacia abajo), cortar las puntas de la parte del cabello separada.

5. Repetir el procedimiento en la otra mitad del cabello cortando con tijera en diagonal rebajando esta parte del cabello. Unir al resto del cabello sin cortar los laterales.

6. Secar y modelar formando rizos en las puntas.

MAQUILLAJE

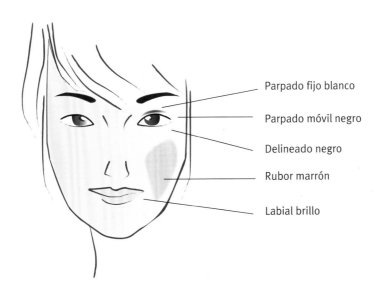

Parpado fijo blanco

Parpado móvil negro

Delineado negro

Rubor marrón

Labial brillo

CORTE CON REBAJADO

Noelia Testa
24 años
Cabello largo, con rizos, rubio

1. Humedecer el cabello con rociador. Trazar dos diagonales en la cúspide de la cabeza y peinar el flequillo hacia arriba. Cortar con la tijera en horizontal quitando las puntas abiertas (florecidas).

2. Trazar una raya horizontal en el centro de la cabeza y separar los laterales. Sujetarlos con pinzas de metal.

3. Tomar el lateral izquierdo y cortar con la tijera en diagonal (apuntando hacia abajo) los últimos 10 centímetros de cabello (aproximadamente).

4. Repetir el procedimiento en la otra mitad del cabello rebajando en ambos laterales. Verificar que ambos sean simétricos.

5. Trazar una raya horizontal cerca de la nuca. Peinar el cabello, elevar un mechón y cortar con la tijera de filo duro en horizontal reduciendo el largo.

6. Continuar trazando líneas horizontales y cortar las capas de cabello del mismo largo hasta llegar a la cúspide de la cabeza.

7. Colocar el cabello de la cúspide hacia arriba. Con la tijera de filo duro en horizontal cortar las puntas.

8. Peinar el cabello hacia atrás y, con la tijera en diagonal, rebajar formando una V.

9. Aplicar mousse en todo el cabello, peinar con los dedos y secar con secador y difusor.

MAQUILLAJE

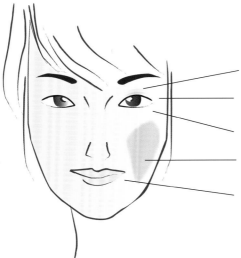

Parpado fijo verde claro

Parpado móvil verde oscuro

Delineador negro

Rubor marrón oscuro cremoso

Labial gloss rosa

DESMECHADO

Nicolás Occhiato
18 años
Cabello corto, lacio, castaño claro

1. Humedecer todo el cabello con rociador. Desenredar con las cerdas finas del peine de corte.

2. Tomar un mechón del sector cercano a la nuca, peinar hacia arriba y cortar con tijera de entresacar quitando volumen. Cortar dos veces cada mechón: una vez más cerca de la raíz y otra, en el largo.

3. Separar otros mechones de la parte superior de la cabeza. Peinar hacia arriba y, con la misma herramienta, entresacar cabello cortando a tres centímetros de la raíz y en las puntas.

4. Peinar el cabello hacia abajo y pasar la navaja de medios a puntas para darle forma al desmechado.

5. Continuar desmechando con tijera de entresacar el sector correspondiente a la cúspide de la cabeza y los laterales. Es importante colocar la tijera hacia la frente.

6. Repetir el procedimiento en el lateral opuesto y emparejar con navaja medios y puntas. Reiterar esta acción en la cúspide la cabeza para lograr puntas más "afiladas".

7. En la cúspide, tomar mechones de cabello, enroscarlos sobre sí mismos y cortar con navaja desde la raíz hacia las puntas con el fin de reducir el largo.

8. Secar y modelar con silicona.

DESMECHADO MANTENIENDO EL LARGO

Nahuel Petraccia
19 años
Cabello corto- lacio- castaño

1. Humedecer todo el cabello con rociador. Desenredar con las cerdas anchas del peine de corte.

2. Tomar un mechón del sector de la nuca, peinar hacia arriba y quitar volumen del cabello cortando con tijera de entresacar en vertical.

3. Continuar con mechones de la parte superior de la cabeza. Peinar hacia arriba y con la misma herramienta, entresacar cabello cortando a tres centímetros de la raíz hacia las puntas.

4. Peinar el lateral izquierdo hacia el costado opuesto y cortar con la tijera de entresacar. Cada mechón se corta en tres oportunidades: raíz, medios y puntas.

5. Repasar las puntas con navaja para que el corte quede más prolijo.

6. Entresacar con la tijera correspondiente en el otro lateral repitiendo el procedimiento del paso 4.

7. Separar el flequillo y peinarlo hacia adelante. Cortar de medios a puntas con navaja.

8. Secar y modelar con silicona.

DESMECHADO CON NAVAJA

Lucas Carfi
18 años
Cabello corto, lacio, castaño oscuro

1. Humedecer todo el cabello con rociador. Desenredar con las cerdas angostas del peine de corte.

2. Tomar un pequeño mechón del sector de la nuca, peinar hacia abajo y cortar medios y puntas con la navaja en sentido horizontal.

3. Separar un pequeño mechón de la parte superior de la cabeza y, con la misma herramienta, cortar medios y puntas con la navaja en horizontal.

4. Peinar los laterales y la cúspide del cabello hacia adelante. Tomar pequeños mechones del costado izquierdo y cortar con navaja medios y puntas. Repasar cada mechón una vez para potenciar el efecto del desmechado.

5. Proseguir con el cabello que se encuentra detrás de la oreja. Cortar con navaja las puntas para hacer visible esta parte. Repetir el procedimiento en ambos laterales.

6. Continuar con la cúspide de la cabeza, repasando pequeños mechones con navaja.

7. Separar el flequillo, peinarlo hacia adelante y cortar las puntas con navaja. Repasar nuevamente los laterales para quitar volumen.

8. Secar y modelar con gel.

DESMECHADO CORTO

Ángel Marchi
24 años
Cabello corto, lacio, castaño oscuro

1. Humedecer todo el cabello con rociador y desenredar con las cerdas angostas del peine de corte.

2. Tomar un mechón del lateral derecho, peinar hacia arriba y cortar, cerca de la raíz, con tijera de entresacar quitando volumen. Repetir el procedimiento con otros mechones del mismo lateral.

3. Peinar hacia arriba mechones de la parte superior de la cabeza. y, con la misma herramienta, entresacar cabello cortando a tres centímetros de la raíz y en las puntas.

4. Peinar las patillas hacia adelante y repasar con navaja en horizontal desde los medios hacia las puntas.

5. Continuar desmechando con tijera de entresacar el lateral izquierdo colocando la tijera cerca de la raíz del cabello.

6. Desmechar el sector correspondiente al flequillo. Volver a humedecer el cabello y continuar desmechando el lateral derecho.

7. Peinar y pasar la navaja de medios a puntas en los laterales para darle forma al desmechado.

8. Desmechar el flequillo, colocando la tijera correspondiente a 3 centímetros de la raíz. Emparejar esta parte del cabello con navaja medios y puntas y reiterar esta acción en la cúspide de la cabeza para lograr puntas más "afiladas".

9. Modelar con silicona y aplicar spray con brillo.

CRESTA CORTA

Daniel Squilliari
20 años
Cabello corto, lacio, rubio oscuro

1. Humedecer el cabello con rociador, marcar el largo con los dedos y , con tijera de filo duro en vertical, cortar pequeños mechones del lateral derecho. Continuar con la parte central de la cabeza.

2. Cortar las puntas del cabello de la nuca y el lateral izquierdo logrando continuidad. En lugar de los dedos puede utilizarse el peine de corte para marcar el largo.

3. Cortar las patillas y el cabello que se encuentra alrededor de las orejas con la misma herramienta para que el corte tenga una terminación prolija. Continuar hasta el flequillo.

4. Reducir el largo de los mechones de la nuca con la tijera de filo duro colocada en horizontal.

5. Con la máquina rasuradora con un cortapeines número 4, cortar en sentido ascendente el cabello de la nuca y la parte media de la cabeza.

6. Repetir el procedimiento en los laterales quitando cabello e intentando que ambos lados queden iguales.

7. Con máquina para quitar pelusa, repasar la nuca.

8. Desmechar con tijera de entresacar la cúspide de la cabeza (incluso el flequillo) donde se formará la cresta.

9. Peinar esta parte del cabello hacia adelante y repasar medios y puntas con la navaja.

10. Enroscar pequeños mechones de la cúspide de la cabeza y cortar con navaja reduciendo levemente el largo.

11. Secar y peinar la cresta hacia arriba con silicona.

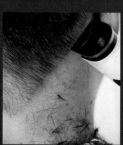

CORTE EN LAS PUNTAS

Cristian Piccolo
19 años
Cabello corto, lacio, rubio claro

1. Humedecer el cabello con rociador y peinar con el peine de corte.

2. Separar un mechón de la parte media y cortar las puntas con tijera de entresacar para lograr un largo parejo respecto a la cúspide. Repetir el procedimiento con otros mechones.

3. Con tijera de entresacar, desmechar las puntas de cabello del lateral derecho.

4. Cortar las puntas de la parte central y el lateral derecho con tijera de filo duro en diagonal.

5. Humedecer el cabello nuevamente y cortar con tijera de filo duro, las puntas de la nuca y el lateral derecho (cercano a la frente).

6. Con tijera de filo duro en diagonal (apuntando hacia abajo) cortar el cabello que se encuentra alrededor de las orejas y las patillas.

7. Cortar con tijera de filo duro el cabello de la nuca.

8. Emparejar el lateral izquierdo cortando las puntas con tijera de filo duro.

9. Peinar hacia arriba mechones de la parte superior de la cabeza y, con la misma herramienta, cortar las puntas. Repetir la acción en otros mechones del mismo sector.

 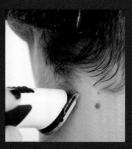

10. Marcar el largo del flequillo con los dedos y cortar las puntas para lograr continuidad con la cúspide.

11. Repasar el lateral derecho con tijera de filo duro.

12. Cortar el cabello que se encuentra debajo de la nuca con máquina para quitar pelusa.

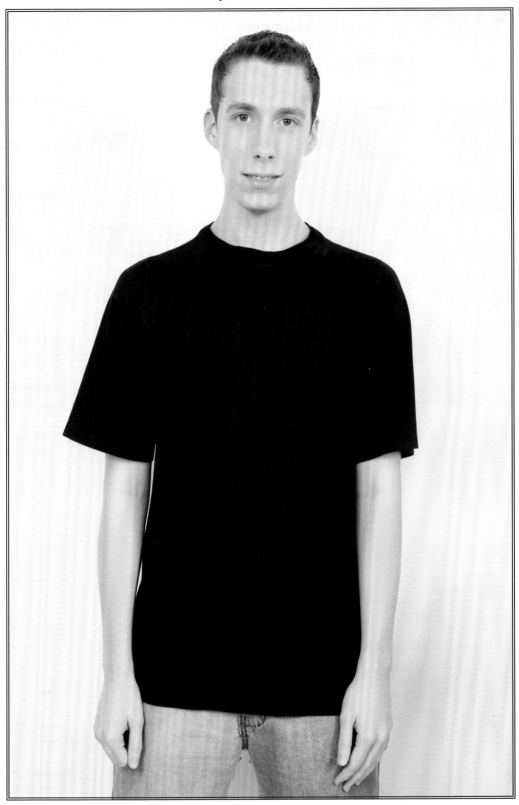

DESMECHADO EN SECO

Iván Krcleir
24 años
Cabello corto, lacio, rubio

1. Planchar mechones de la parte media de la cabeza.

2. Separar un mechón y cortar las puntas con tijera de entresacar en vertical reduciendo el volumen.

3. Repetir este procedimiento en otros mechones de la parte media.

4. Continuar desmechando el cabello de la nuca.

5. Cortar con máquina para quitar pelusa el cabello que se encuentra debajo de la nuca.

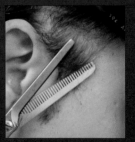

6. Repasar las patillas, primero con tijera de filo duro y luego, con tijera de entresacar para darle prolijidad al corte. Realizar la misma acción en la patilla contraria.

7. Modelar con silicona.

FLEQUILLO CORTO Y DESMECHADO

Lucas Feriol
19 años
Cabello corto, lacio, rubio

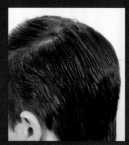 

1. Humedecer el cabello con rociador y peinar hacia atrás con el peine de corte.

2. Con máquina para quitar pelusa, cortar el cabello de la nuca en sentido ascendente.

3. Peinar el cabello de la nuca hacia arriba y cortar las puntas con tijera de filo duro en horizontal.

4. Continuar con este procedimiento en el lateral derecho.

5. Repasar el cabello de la nuca con la navaja colocada en horizontal.

6. Tomar cabello de la cúspide de la cabeza con los dedos, marcar el largo y cortar cerca de la raíz, con tijera de entresacar.

7. Repetir el procedimiento cortando las puntas de los mismos mechones.

8. Continuar desmechando el cabello de la cúspide una vez cerca de la raíz y otra, en las puntas.

9. Marcar el largo deseado con los dedos y cortar las puntas del cabello de la cúspide con tijera de filo duro.

10. Peinar el flequillo y la cúspide hacia adelante y cortar logrando largos variados.

11. Cortar el cabello de alrededor de las orejas para despejar este sector.

DESMECHADO CON FLEQUILLO

Sergio Giménez
19 años
Cabello corto, lacio, castaño oscuro

1. Cortar el cabello que se encuentra debajo de la nuca con máquina para quitar pelusa.

2. Humedecer el cabello con rociador y desenredar con el peine de corte.

3. Tomar un pequeño mechón del lateral izquierdo y cortar medios y puntas con la navaja en vertical para reducir el volumen.

4. Peinar el lateral derecho y el flequillo hacia el costado y cortar medios y puntas con la navaja en horizontal (colocada detrás del cabello).

5. Repasar las puntas del lateral derecho con navaja concentrando volumen en las capas superiores de cabello.

6. Secar y peinar hacia el costado con mousse.

CORTE Y REDUCCIÓN DE VOLUMEN

Luis Maciel
21 años
Cabello corto, lacio, castaño oscuro

 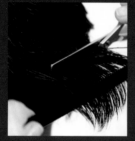

1. Con máquina para quitar pelusa, cortar el cabello de la nuca para que el corte tenga una terminación prolija.

2. Humedecer el cabello con rociador y desenredar con el peine de corte. Peinar un mechón de la nuca hacia arriba y cortar a 4 centímetros de la raíz con tijera de entresacar.

3. Continuar desmechando cabello del medio y la cúspide de la cabeza a 4 centímetros de la raíz reduciendo el volumen.

4. Repetir el procedimiento en el lateral derecho reduciendo volumen de las puntas.

 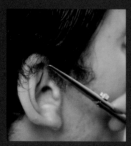

5. Con tijera de filo duro, cortar las puntas del cabello en la cúspide.

6. Cortar las puntas del lateral izquierdo.

7. Volver a cortar mechones de la cúspide con tijera de entresacar quitando volumen.

8. Cortar el cabello de alrededor de la oreja y las patillas.

9. Emparejar el lateral derecho cortando las puntas. Repetir el procedimiento en el otro lateral de modo que ambos sean iguales.

10. Peinar el flequillo hacia adelante y cortar las puntas.

DESMECHADO MANTENIENDO EL LARGO

Andrés López Basterrica
19 años
Cabello corto, lacio, rubio oscuro

1. Humedecer el cabello con rociador y desenredar con las cerdas finas del peine de corte. Tomar un mechón de la nuca y cortar las puntas con navaja en horizontal.

2. Continuar cortando el cabello con la navaja desde la nuca hacia los laterales.

3. Separar un mechón del sector medio de la cabeza y cortar las puntas con tijera de entresacar quitando volumen.

4. Proseguir cortando las puntas de este sector y luego, los laterales.

5. Separar mechones de la parte superior de la cabeza, marcar con los dedos y repasar las puntas con navaja.

6. Terminar de desmechar el cabello de la cúspide y los laterales. Colocar la tijera de entresacar en las puntas.

7. Repasar con navaja, humedecer el cabello y peinar hacia atrás.

8. Separar el flequillo y cortar medios y puntas con la navaja colocada en horizontal.

9. Repetir el procedimiento en el lateral izquierdo con navaja y retocar la cúspide.

10. Secar y modelar con silicona.

DESMECHADO SIN VOLUMEN

Juan Manuel Bóveda
25 años
Cabello corto, con ondas, rubio oscuro

1. Humedecer el cabello con rociador, tomar mechones de la cúspide y el flequillo y cortar las puntas con tijera de filo duro.

2. Cortar las puntas de la parte media de la cabeza con la tijera de filo duro.

3. Continuar cortando hacia el lateral derecho unificando con la parte del medio.

4. Retornar a la parte media emparejando las puntas con tijera de filo duro hasta llegar al lateral izquierdo.

5. Peinar el flequillo hacia arriba y cortar medios y puntas con la misma herramienta.

6. Proseguir cortando las puntas de la cúspide de la cabeza con tijera de filo duro en horizontal.

7. Repasar el flequillo con navaja para afilar levemente las puntas.

8. Seleccionar mechones de la parte superior de la cabeza y cortar las puntas con tijera de entresacar para que este sector pierda volumen.

MELENA DESMECHADA

Maximiliano Francica
19 años
Cabello corto, lacio, rubio

1. Humedecer el cabello con rociador y peinar el flequillo hacia arriba. Marcar el largo con los dedos y cortar con tijera de filo duro apuntando hacia adelante.

2. Elevar el cabello de la cúspide de la cabeza, marcar el largo y cortar las puntas con la misma herramienta.

3. Peinar el cabello del lateral izquierdo y cortar las puntas con la tijera en vertical (mirando hacia abajo) para marcar el contorno de la melena.

4. Continuar con este procedimiento en los mechones siguientes hacia el medio de la cabeza.

5. Peinar el cabello de la nuca y cortar las puntas con tijera de filo duro en vertical.

6. Separar el cabello de la parte media de la cabeza con el peine y cortar con tijera reduciendo el largo.

7. Repetir este procedimiento en el lateral derecho para lograr continuidad en el corte.

8. Repasar el cabello de la nuca con la navaja colocada en horizontal.

9. Desmechar el cabello de la parte media colocando la tijera de entresacar a 10 centímetros de la raíz.

VOLUMEN EN LA PARTE SUPERIOR

Juan Britos
20 años
Cabello corto, lacio, castaño oscuro

1. Con el peine de corte, trazar una línea horizontal en la mitad de la cabeza y cortar el cabello debajo de la nuca con la máquina para quitar pelusa.

2. Con máquina de rasurar en sentido ascendente, cortar el cabello de la nuca.

3. Continuar cortando con la misma herramienta el cabello del sector medio hacia la cúspide de la cabeza.

4. Repetir el procedimiento en el lateral derecho quitando cabello con la máquina de rasurar.

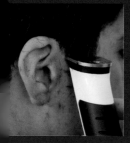 

5. Repasar las patillas y el cabello de alrededor de las orejas del mismo lateral con máquina para quitar pelusa.

6. Cortar las puntas del flequillo con la máquina para quitar pelusa.

7. Humedecer la parte superior de la cabeza con rociador. Tomar un mechón de este sector, peinar hacia arriba y cortar las puntas con navaja.

8. Con tijera de filo duro, cortar las puntas del cabello de la cúspide hasta el flequillo. Enroscar algunos mechones de esta parte para quitar largo y volumen.

9. Secar y peinar hacia el costado con silicona.

CORTO CON PUNTAS AFILADAS

Sebastián de Lellis
25 años
Cabello corto, lacio, rubio

1. Humedecer el cabello con rociador, trazar una línea horizontal en la mitad de la cabeza y desenredar con peine de corte.

2. Tomar un mechón de la parte media y cortar las puntas con tijera de filo duro.

3. Con el mismo procedimiento, continuar cortando las puntas del cabello hacia la nuca.

4. Cortar las puntas de la parte media de la cabeza con la tijera de filo duro en diagonal.

5. Continuar cortando hacia el lateral izquierdo unificando con los sectores modificados con anterioridad.

6. Marcar el largo con los dedos y cortar, con tijera de filo duro, el cabello de la cúspide hasta llegar al lateral derecho.

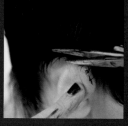

7. Con la misma herramienta, recortar el cabello alrededor de la oreja derecha y las patillas.

8. Repasar el cabello del lateral derecho y humedecer nuevamente con rociador.

9. Trazar una raya vertical en el lateral izquierdo y cortar el cabello de la cúspide hacia el flequillo (del lado izquierdo) con tijera de filo duro.

10. Recortar el cabello alrededor de la oreja izquierda y las patillas.

11. Pasar la navaja en horizontal por las puntas del cabello de la cúspide como si se estuviera peinando hacia atrás.

12. Peinar el flequillo hacia adelante y repasar con navaja para afilar las puntas.

CORTE LATERAL CON MÁQUINA

Alan Bestard
19 años
Cabello corto, lacio, castaño claro

1. Con la máquina de rasurar posicionada en sentido ascendente, cortar el cabello desde la nuca hacia el sector medio de la cabeza.

2. Repetir la acción para lograr un corte más prolijo.

3. Separar mechones con el peine de corte y continuar quitando cabello en el lateral derecho con la misma herramienta logrando continuidad en la nuca y el sector medio.

4. Con la máquina de rasurar, cortar el cabello de la nuca hacia el costado derecho. Utilizar el peine para separar mechones.

5. Separar mechones y cortar, con tijera de entresacar, las puntas del cabello de la nuca donde se aplicó la máquina de rasurar.

6. Continuar con esta acción en la cúspide y el lateral derecho.

7. Humedecer la cúspide de la cabeza con rociador y cortar las puntas del lateral derecho con tijera de entresacar.

8. Tomar un mechón de la cúspide, enroscar y cortar con la navaja medios y puntas reduciendo el largo. Repetir el procedimiento en otros mechones de la misma parte de la cabeza.

9. Con tijera de entresacar, cortar las puntas del cabello del mismo sector.

10. Repasar las patillas y el cabello de alrededor de las orejas de los laterales con máquina para quitar pelusa.

11. Secar y peinar hacia arriba con silicona.

DESMECHADO HACIA ATRÁS

Eugenio Azcarate
21 años
Cabello corto, lacio, castaño claro

1. Humedecer el cabello con rociador, peinar la parte media y cortar las puntas con navaja.

2. Colocar el cabello del mismo sector levemente hacia arriba y cortar los medios con la tijera de entresacar.

3. Proseguir hacia el lateral izquierdo, quitando volumen de las puntas del sector medio de la cabeza.

4. Humedecer nuevamente el cabello y cortar cabello de la nuca con tijera de filo duro marcando el contorno.

5. Con peine de corte, separar un mechón de cabello de la nuca y cortar con máquina de rasurar en horizontal. Continuar hacia el sector medio de la cabeza.

6. En la cúspide, separar mechones en diagonal y cortar con la máquina de rasurar en el mismo sentido.

7. Repasar las patillas y el cabello de alrededor de las orejas del lateral izquierdo con máquina para quitar pelusa.

8. Recortar las puntas de la cúspide de la cabeza con la máquina de rasurar.

9. Trazar una línea horizontal en la mitad de la cabeza y cortar el cabello debajo de la nuca con la máquina para quitar pelusa.

10. Repetir el procedimiento en el lateral derecho quitando cabello con la máquina de rasurar.

11. Peinar el flequillo hacia adelante, unir en punta y cortar con navaja.

12. Colocar mechones de la cúspide hacia arriba y pasar la navaja por las puntas logrando un desmechado suave.

13. Secar y peinar hacia arriba con silicona.

DESMECHADO EN PUNTAS CON NAVAJA

Federico Sopcic
19 años
Cabello corto, con ondas, rubio oscuro

1. Humedecer todo el cabello con rociador y repasar el cabello que se encuentra debajo de la nuca con máquina para quitar pelusa.

2. Tomar un mechón de cabello de la nuca, peinar hacia arriba y cortar con tijera de entresacar quitando volumen.

3. Separar mechones de la parte superior. Peinarlos hacia arriba y, con la misma herramienta, entresacar cabello cortando en la mitad de cada mechón.

4. Peinar el cabello hacia atrás y pasar la navaja en la nuca de medios a puntas.

5. Continuar pasando la navaja por distintos mechones de cabello, primero repasar detrás del mechón y luego, en diagonal para afilar las puntas.

6. Seleccionar mechones de la parte media y repasar las puntas con navaja en horizontal (delante y detrás del cabello) quitando volumen.

7. Humedecer nuevamente el cabello, peinar el lateral izquierdo hacia adelante, dividirlo en dos y cortar con navaja en horizontal las puntas de la capa inferior.

8. Cortar la capa superior del mismo lateral de modo que quede igual a la anterior. Continuar cortando las puntas con navaja (delante y detrás del cabello) hacia el flequillo.

9. Humedecer el flequillo y la cúspide de la cabeza y repasar con navaja para quitar volumen del cabello.

10. Tomar mechones del lateral derecho y repetir el procedimiento de modo que ambos costados queden simétricos.

CRESTA ANCHA

Federico Sopcic
28 años
Cabello corto, lacio, castaño

1. Con la máquina para rasurar en sentido ascendente, cortar el cabello de la parte media de la cabeza.

2. Continuar con este procedimiento en el lateral derecho reduciendo la cantidad de cabello.

3. Repetir esta acción en el lateral opuesto con la misma herramienta intentando que ambos costados queden iguales.

4. Eliminar el cabello de alrededor de la oreja izquierda con máquina para quitar pelusa.

5. Con la misma herramienta, repasar el sector que se encuentra debajo de la nuca para que el corte tenga una terminación prolija.

6. Emparejar los laterales y la nuca con máquina de rasurar.

7. Humedecer el cabello con rociador, peinar la nuca en punta y cortar con navaja. Continuar con la parte central de la cabeza.

8. Cortar las puntas del cabello del sector medio de la cabeza con tijera de entresacar. Separar los mechones con ayuda del peine de corte.

9. Continuar desmechando las puntas de la cúspide con las mismas herramientas hasta el flequillo formando la cresta.

10. Repetir este procedimiento en los laterales para lograr continuidad en el corte.

11. Secar y peinar la cresta hacia arriba con silicona.

PULIDO CON MÁQUINA Y NAVAJA

Ignacio Fabiani
27 años
Cabello corto, lacio, castaño

1. Con máquina para quitar pelusa, eliminar el cabello que se encuentra debajo de la nuca.

2. Desde la parte media de la cabeza hacia los laterales, cortar el cabello con la máquina de rasurar en sentido ascendente.

3. Continuar con el procedimiento en el lateral izquierdo reduciendo la cantidad de cabello.

4. Reiterar la acción en el lateral derecho con la misma herramienta repasando mechones intermedios.

5. Repasar la parte media de la cabeza y cortar el lateral izquierdo con máquina de rasurar.

6. Cortar el cabello de alrededor de la oreja derecha y las patillas con máquina para quitar pelusa.

7. Repetir el procedimiento en la otra oreja y las patillas.

8. Emparejar los laterales con máquina de rasurar.

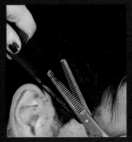

9. Separar mechones con el peine de corte en el lateral derecho y cortar con tijera de entresacar.

10. Continuar desmechando las puntas de la parte media de la cabeza hasta llegar al lateral izquierdo.

11. Humedecer el cabello con rociador y cortar con tijera de entresacar el cabello de la cúspide de la cabeza.

12. Enroscar mechones de cabello de esta parte y repasar medios y puntas con navaja reduciendo el largo.

13. Peinar el flequillo hacia adelante y cortar medios y puntas con navaja como si se estuviera peinando el cabello.

14. Secar y peinar la cresta hacia arriba con silicona.

REBAJADO CON NAVAJA

Rodrigo Frias
19 años
Cabello corto, lacio, castaño oscuro

1. Humedecer el cabello con rociador y desenredar con el peine de corte . Peinar el cabello de la nuca hacia la cúspide y cortar las puntas con la tijera de filo duro en horizontal.

2. Continuar cortando el cabello del centro de la cabeza con la misma herramienta, reduciendo el largo.

3. Con el peine de corte, separar mechones del lateral izquierdo y cortar los 2 últimos centímetros de cabello.

4. Quitar el cabello sobrante de la nuca con la máquina para quitar pelusa y formar un corte recto a esta parte del cabello.

5. Emparejar las puntas del cabello de la nuca con la navaja colocada en horizontal. El objetivo es lograr puntas más afiladas.

6. Cortar mechones del lateral derecho con la tijera correspondiente para reducir el largo.

7. Continuar cortando con tijera de filo duro el lateral izquierdo para que quede igual al lateral opuesto.

8. Tomar un mechón de la cúspide de la cabeza, enroscar sobre sí mismo y cortar con tijera de entrecortar a 3 centímetros de la raíz para reducir largo y volumen.

9. Pasar la navaja de medios a puntas, en el medio de la cabeza y el flequillo para afilar las terminaciones.

CRESTA DARK

Micael Mürray
19 años
Cabello corto, lacio, castaño claro

1. Desenredar el cabello con las cerdas finas del peine de corte. Cortar el costado izquierdo de la nuca con la máquina para quitar pelusa.

2. Con máquina rasuradora, recortar el mismo sector.

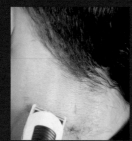

3. Repetir el procedimiento en el lateral opuesto quitando cabello con la máquina para quitar pelusa y procurando que ambos laterales queden iguales.

4. Humedecer con rociador la parte central de la cabeza (cresta) y desenredar con peine de corte. Cortar las puntas de esta parte del cabello.

5. Tomar un mechón de la cúspide de la cabeza, peinar hacia arriba y cortar las puntas con tijera de filo duro.

6. Con máquina rasuradora, cortar las patillas y el cabello de alrededor de las orejas y la nuca para que el corte tenga una terminación prolija.

7. Con tijera de entresacar, desmechar desde la cúspide hasta el flequillo. Enroscar algunos mechones de esta parte para quitar largo y volumen.

8. Secar y peinar la cresta hacia arriba con mousse.

CRESTA

Cristian Chiariano
25 años
Cabello corto, lacio, castaño oscuro

1. Desenredar el cabello con el peine de corte. Peinar un mechón del lateral derecho hacia arriba y cortar en sentido ascendente con la máquina rasuradora.

2. Repetir el procedimiento en el lateral opuesto quitando cabello y procurando que ambos laterales queden iguales.

3. Con máquina para quitar pelusa, repasar las patillas, el cabello de alrededor de las orejas y la nuca para que el corte tenga una terminación prolija.

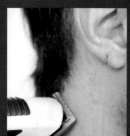

4. Humedecer con rociador la parte central de la cabeza (cresta) y desenredar con peine de corte.

5. Tomar un mechón del sector cercano a la nuca, peinar hacia arriba y cortar con tijera de entresacar quitando volumen. Cortar dos veces cada mechón: una vez cerca de la raíz y otra, en el largo.

6. Continuar desmechando con tijera de entresacar el sector correspondiente a la cúspide de la cabeza hasta el flequillo.

7. Secar y peinar la cresta hacia arriba con silicona.

REBAJADO

Juan Pablo Genise
18 años
Cabello corto, lacio, rubio

1. Humedecer todo el cabello con rociador. Desenredar con las cerdas finas del peine de corte y peinar hacia atrás.

2. Separar un mechón del centro de la cabeza y cortar con tijera de entresacar reduciendo volumen. Cortar dos veces cada mechón: una vez más cerca de la raíz y otra, en el largo.

3. Separar mechones del costado izquierdo, peinar hacia arriba y, con la misma herramienta, entresacar cabello cortando a tres centímetros de la raíz y en las puntas.

4. Peinar la nuca y pasar la navaja de medios a puntas para afilar las terminaciones de esta parte del cabello. Continuar cortando con navaja en la cúspide de la cabeza y los laterales.

5. Entresacar mechones de cabello con la tijera correspondiente en los laterales y la parte superior de la cabeza.

6. Emparejar las puntas de todo el cabello con navaja. Repasar la cúspide de la cabeza primero con la navaja en horizontal y luego, en vertical, para lograr puntas más "afiladas".

7. Colocar el flequillo hacia el lateral derecho y cortar con navaja reduciendo volumen y largo.

8. Volver a entresacar mechones de la parte central de la cabeza (desde el flequillo hasta la nuca).

9. Secar y modelar con gel.

CORTE CON NAVAJA

Martín Delgado
19 años
Cabello corto, lacio, negro

1. Desenredar el cabello con el peine de corte y quitar el cabello sobrante de la nuca con la máquina afeitadora en sentido ascendente. Humedecer el cabello con rociador.

2. Tomar un pequeño mechón del costado izquierdo de la nuca, peinar y cortar con navaja medios y puntas en sentido horizontal.

3. Con la misma herramienta, cortar medios y puntas en horizontal en la parte superior a la nuca.

4. Repetir el procedimiento en el costado opuesto, cortando medios y puntas con navaja.

5. Proseguir con el cabello que se encuentra detrás de la oreja. Cortar con navaja las puntas para lograr una terminación más "afilada". Repetir el procedimiento en la oreja opuesta.

6. Continuar reduciendo el volumen de la parte superior. Separar pequeñas capas de cabello y pasar la navaja en horizontal de medios a puntas.

7. Peinar el flequillo hacia adelante y trazar una raya horizontal. Cortar el flequillo desde 2 centímetros de la raíz hacia las puntas con navaja.

8. Dividir la cúspide de la cabeza en dos con una raya vertical. Repasar cada mitad con navaja para quitar volumen.

9. Peinar la cúspide del cabello hacia arriba (cresta). Tomar pequeños mechones y cortar las puntas con navaja. Repetir el procedimiento con tijera de filo duro para que la cresta no quede marcada.

10. Con tijera de entresacar, desmechar la parte central de la cabeza desde la nuca hasta el flequillo para quitar volumen. Colocar la tijera cerca de la raíz y enroscar algunos mechones para reducir el largo.

11. Repasar nuevamente los laterales con la navaja para concentrar el volumen en la parte superior.

12. Secar y modelar con mousse.

PEINADOS

BRUSHING CON MOVIMIENTO

Josefina Delgado
23 años
Cabello largo, lacio, castaño

1. Con el peine de cola, trazar dos rayas perpendiculares (horizontal y vertical) que dividan al cabello en cuatro: laterales, parte superior e inferior. Sujetar el sector superior con un gancho grande.

2. Tomar un mechón de la parte inferior, desenredar y, con cepillo térmico y secador, cepillar hasta la mitad del largo alisando el cabello.

3. En las puntas, colocar el cabello alrededor del cepillo y dar calor con el secador para alisar.

4. Para lograr movimiento, tomar las puntas de un mechón y formar, con los dedos, un círculo (como un rizo). Enrollar desde las puntas hasta la raíz de modo que abarque todo el largo del cabello. Sujetar a 4 centímetros de la raíz con una pinza de metal.

5. Repetir el procedimiento de alisado del cabello y la formación de rizo en todo el cabello. El grosor de cada uno puede variar.

6. Rociar con fijador para asentar los rizos. Dejar reposar 20 minutos.

7. Quitar las pinzas. Aplicar silicona en las puntas y en las raíces para evitar el frizz. Modelar con las manos.

MAQUILLAJE

Parpado fijo blanco

Parpado móvil dorado

Delineador negro

Rubor rosa

Labial humectante, brillo , fucsia

MEDIO RECOGIDO CON RIZOS

Yanina Cárdenas
18 años
Cabello largo, con ondas, castaño

1. Sujetar todo el cabello con un gancho grande. Desprender mechones del sector de la nuca y desenredar con el peine de cola.

2. Tomar un mechón de la parte inferior y, con cepillo redondo térmico y secador, cepillar desde la raíz hasta las puntas alisando el cabello. Repetir este procedimiento en el sector superior y laterales para lograr un brushing prolijo.

3. Dividir el cabello en dos partes: superior e inferior. Tomar un mechón de cabello del sector inferior y, con la plancha, alisar desde la raíz hasta la mitad del largo.

4. Al llegar allí, dar vuelta la plancha, de modo que el cabello quede alrededor de la misma. Deslizar hacia las puntas formando un rizo.

5. Repetir el procedimiento de alisado de los medios y la formación de rizos en las puntas. Aplicar fijador y silicona para evitar que los bucles se desarmen.

6. Con el peine de cola, peinar el cabello hacia atrás formando un medio recogido. Colocar hacia el lateral derecho con una media torzada.

7. Sujetar con un invisible y volver a aplicar fijador en toda la cabeza.

MAQUILLAJE

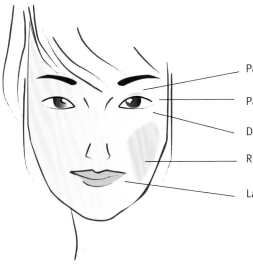

Parpado fijo sombra blanco

Parpado móvil sombra verde

Delineador negro

Rubor piel

Labial rosa oscuro

MOÑO CON TUPÉ

Jesica Aramendia
19 años
Cabello largo, con ondas, rubio claro

1. Con peine de cola, peinar el cabello hacia atrás y sujetar con pinzas de metal. Aplicar plancha en el flequillo para quitar el frizz.

2. Colocar una tabla de cartón detrás del flequillo y cortar las puntas con la máquina para quitar pelusa.

3. Dividir el lateral derecho en dos con una línea vertical. Tomar el mechón superior y realizar una torzada que llegue al centro de la cabeza. Sujetar con un invisible.

4. Realizar una nueva torzada con mechón inferior y ubicarla junto a la anterior. Sujetar con un invisible.

5. Dividir el lateral izquierdo en dos, aplicar fijador y repetir el procedimiento realizando dos torzadas similares a las anteriores. Sujetar con invisibles.

6. Separar la cúspide de la cabeza y sujetarla con una pinza de metal. Formar una cola de caballo en el resto del cabello. Sujetar con una banda elástica y un invisible.

7. Ocultar la banda elástica con un mechón de la cola. Dividir la cola en dos y colocar las puntas en cada uno en los costados del cabello como si fuera un moño. Sujetar con invisibles. Unir ambas mitades debajo de la cola y dejar caer las puntas del cabello.

8. Estirar la cúspide hacia arriba y dividirla en pequeños mechones. Tomar uno de ellos y peinar desde medios hacia las raíces con un peine de batir.

9. Repetir esta acción en cada mechón. Aplicar fijador y dejar un mechón sin batir para cubrir el tupé.

10. Peinar el mechón sin batir hacia atrás para cubrir a los demás. Formar con el largo un rodete que se ubique sobre el moño. Sujetar con un invisible. Aplicar spray con brillo.

Parpado fijo rosa esfumado

Parpado móvil violeta

Delineador negro

Rubor rosa oscuro cremoso

Labial gloss rosa

PLANCHA CON PUNTAS RECTAS

Allison Melgar
21 años
Cabello largo, con ondas, rubio claro

1. Con el peine de cola, trazar una raya horizontal en la mitad de la cabeza. Sujetar con un gancho grande. Tomar un mechón de la parte inferior y, con cepillo redondo térmico número 10 y secador, cepillar desde la raíz hasta las puntas alisando el cabello.

2. Repetir este procedimiento en el sector superior para lograr un brushing prolijo. Dar calor con el secador para que el cabello pierda sus ondas.

3. Tomar uno de los laterales y alisar el cabello desde la raíz con cepillo redondo térmico número 2 para quitar las ondas.

4. Desenredar el cabello con el peine de cola. Trazar dos líneas perpendiculares en el centro de la cabeza y dividir el cabello en 4: laterales, parte superior e inferior.

5. Tomar un mechón de la capa inferior y aplicar plancha desde la raíz en temperatura máxima para lograr que las ondas desaparezcan y las puntas queden rectas.

6. Repetir este procedimiento en el mismo mechón para obtener el resultado deseado.

7. Continuar con el alisado con la plancha en todo el cabello de raíz a puntas. Al finalizar, aplicar silicona en las raíces para eliminar el frizz.

MAQUILLAJE

Parpado fijo blanco

Parpado móvil pigmento naranja

Delineado negro

Rubor salmón

Labial violeta morado

COLA DE CABALLO CON TUPÉ

Camila Solari
18 años
Cabello largo, lacio, rubio claro

1. Con el peine de cola, formar un triángulo en la parte del fle-quillo. Colocar hacia adelante y sujetar con un gancho grande.

2. Con la misma herramienta, peinar el lateral derecho hacia atrás para empenzar a realizar la cola. Aplicar fijador en aerosol y sujetar con un gancho grande. Tomar el sector de la nuca y peinar hacia el centro de la cabeza.

3. Con el mismo procedimiento, peinar el lateral restante hacia atrás e integrar al resto del cabello para terminar de formar la cola de caballo.

4. Colocar un invisible en una gomita. Enganchar el invisible en la parte superior del cabello. Pasar la gomita alrededor de la cola. Colocar el otro extremo de la gomita en el invisible.

5. Tomar dos mechones de la cola de caballo y cubrir la gomita.

6. Estirar el flequillo hacia arriba. Tomar pequeños mechones y peinar desde medios hacia las raíces con un peine de batir. Aplicar fijador. Repetir este procedimiento en todo el flequillo. Dejar un mechón sin batir para cubrir el tupé.

7. Tirar el mechón sin batir hacia atrás de modo que cubra los demás. Colocar las puntas del mismo alrededor de la gomita con el fin de cubrirla.

8. Aplicar fijador en todo el cabello y planchar el largo de la cola.

MAQUILLAJE

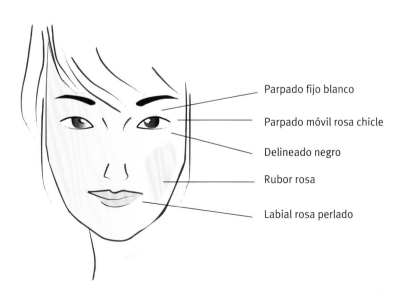

Parpado fijo blanco

Parpado móvil rosa chicle

Delineado negro

Rubor rosa

Labial rosa perlado

MEDIO RECOGIDO CON BATIDO

Magalí Lemkin
18 años
Cabello largo, lacio, rubio claro

1. Con peine de cola, peinar el lateral izquierdo hacia atrás con gel formando una media torzada. Sujetar con un invisible. Si se desea, puede colocar gel en el mismo peine.

2. Repetir el procedimiento en el lateral derecho formando una media torzada.

3. Separar el largo del cabello en dos. Tomar pequeños mechones de la nuca y peinar desde las puntas hacia las raíces con un peine de batir.

4. Tomar la torzada del lateral derecho. Quitar el invisible y continuar torzando el cabello.

5. Superponer la torzada del lateral derecho con la del izquierdo para crear el medio recogido.

6. Batir el resto del largo para lograr volumen en medios y puntas. Aplicar fijador.

MAQUILLAJE

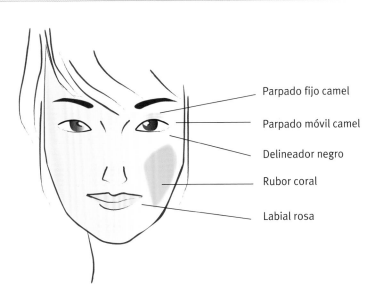

Parpado fijo camel

Parpado móvil camel

Delineador negro

Rubor coral

Labial rosa

RODETE

Micaela Maladesky
18 años
Cabello largo, lacio, castaño claro

1. Con peine de cola, formar una raya vertical que divida el cabello a la mitad. Aplicar fijador y separar los laterales del resto del cabello.

2. Peinar todo el cabello (salvo los laterales) hacia atrás con fijador formando una cola de caballo. Colocar un invisible en una banda elástica. Enganchar el invisible en la parte superior del cabello. Pasar la banda elástica alrededor de la cola. Colocar el otro extremo de la banda en el invisible.

3. Dividir la cola de caballo en dos. Tomar una de ellas y dar vuelta alrededor de la banda elástica. Aplicar fijador y sujetar con un invisible.

4. Tomar la otra mitad y repetir el procedimiento. Dar vuelta alrededor de la banda elástica en sentido opuesto formando un rodete. Aplicar fijador para evitar que se desarme.

5. Tomar el lateral derecho, peinar hacia atrás con fijador y colocar alrededor del rodete para aumentar su volumen. Sujetar con un invisible.

6. Repetir el procedimiento con el lateral izquierdo y cubrir el rodete. Sujetar con invisibles. Aplicar fijador en todo el peinado.

7. Tomar el flequillo y aplicar plancha para alisar. Peinar hacia el costado derecho de modo que enmarque el rostro.

MAQUILLAJE

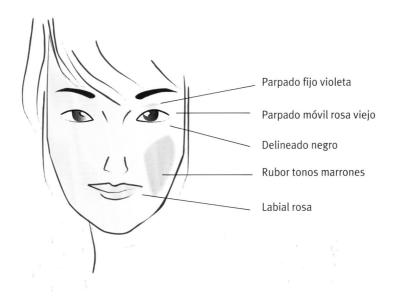

Parpado fijo violeta

Parpado móvil rosa viejo

Delineado negro

Rubor tonos marrones

Labial rosa

TUPÉ CON MEDIO RECOGIDO

Florencia Sosa
18 años
Cabello largo, lacio, castaño oscuro

1. Con el mango del peine de cola, trazar dos líneas diagonales que formen un triángulo en el flequillo. Colocar hacia adelante, aplicar fijador y sujetar con un gancho grande.

2. Peinar el lateral izquierdo hacia atrás para empezar a realizar la cola. Aplicar fijador, realizar una media torzada y colocar un invisible.

3. Con el mismo procedimiento, peinar el lateral restante hacia atrás. Aplicar fijador y realizar una media torzada. Sujetar con un invisible.

4. Estirar el flequillo hacia arriba. Tomar un pequeño mechón y peinar desde medios hacia las raíces con un peine de batir. Realizar esta acción una vez en cada mechón debido a que se busca un batido suave. Aplicar fijador.

5. Repetir este procedimiento en todo el flequillo tomando nuevos mechones y batiendo desde las puntas hacia la raíz. Aplicar fijador. Dejar un mechón sin batir para cubrir el tupé.

6. Peinar el mechón sin batir hacia atrás de modo que cubra los demás. Sujetar con un invisible en el medio del recogido.

7. Tomar un mechón de cada lateral y colocarlos encima del recogido para cubrir el invisible y la torzada. Sujetar con un nuevo invisible. Aplicar fijador en todo el cabello y plancharlo.

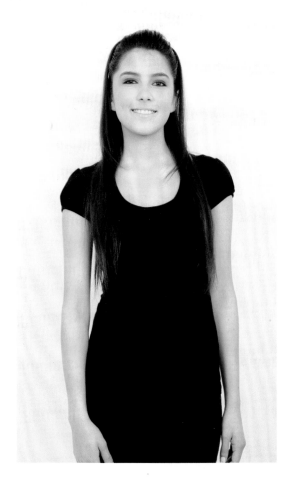

MAQUILLAJE

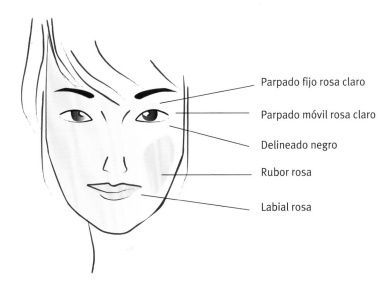

Parpado fijo rosa claro

Parpado móvil rosa claro

Delineado negro

Rubor rosa

Labial rosa

TORZADAS CON RIZOS

Lucrecia Barreto
18 años
Cabello largo, con ondas, rubio

1. Con peine de cola, peinar el cabello hacia atrás. Aplicar fijador y trazar una línea diagonal en el lateral derecho. Separar uno de los laterales en dos partes: inferior y superior.

2. Tomar la parte inferior del lateral izquierdo y realizar una torzada que llegue al centro de la cabeza. Sujetar con un invisible.

3. Tomar el mechón superior del mismo lateral. Aplicar fijador y volver a dividir en dos. Realizar una torzada con el mechón contiguo a la primer torzada. Sujetar con un invisible en el centro de la cabeza.

4. Repetir este procedimiento y realizar una torzada con el mechón restante. Unir al resto de las torzadas y sujetar con un invisible.

5. Tomar un mechón del centro de la nuca y peinarlo hacia arriba. Aplicar fijador y realizar una nueva torzada hacia el centro de la cabeza.

6. Tomar el lateral derecho y separar en pequeños mechones. Tomar uno de ellos cercano a la oreja y utilizarlo para cubrir los invisibles de las torzadas. Dejar suelto el resto del lateral.

7. Planchar el resto del cabello hasta los medios y, en las puntas, formar rizos con la misma plancha.

8. Con cepillo térmico realizar brushing en el flequillo. Colocar un rulero número 10 desde las puntas hasta la raíz y sujetar con una pinza de metal.

9. Tomar un mechón del lateral derecho y colocarlo hacia atrás para quitar el cabello del rostro.

MAQUILLAJE

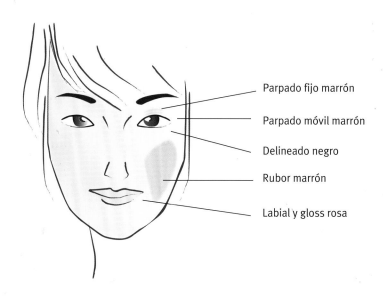

Parpado fijo marrón

Parpado móvil marrón

Delineado negro

Rubor marrón

Labial y gloss rosa

TRENZA COSIDA

Romina Baamonde
18 años
Cabello largo, lacio, castaño

1. Con el peine de cola, peinar flequillo y laterales del cabello hacia atrás.

2. Tomar el flequillo y dividirlo en tres partes iguales. Trenzar intercalando cada una de ellas.

3. Al llegar al centro de la cabeza, incorporar nuevos mechones de cabello de los laterales para lograr una trenza cosida.

4. En la 3/4 parte de la cabeza, sumar cabello de la nuca hasta que todo forme parte de la trenza. Dejar las puntas sin trenzar y sujetar con una banda elástica.

5. Colocar las puntas sin trenzar alrededor de la banda elástica para ocultarla.

6. Con el peine de batir, peinar las puntas desde el final del cabello hasta la banda elástica.

7. Aplicar silicona en los laterales para evitar que la trenza se desarme. Sujetar con invisibles los mechones que pueden soltarse.

MAQUILLAJE

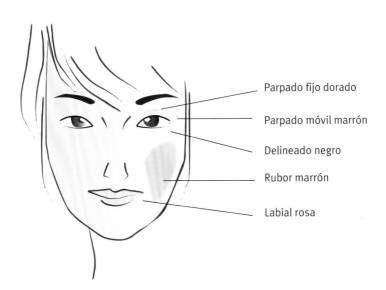

Parpado fijo dorado

Parpado móvil marrón

Delineado negro

Rubor marrón

Labial rosa

TUPÉ CON MOVIMIENTO

Camila Duarte
18 años
Cabello largo- con ondas- rubio

1. Tomar un mechón de cabello del lateral izquierdo. Colocar el ondulador en vertical mirando hacia el piso. Enroscar cabello desde 4 centímetros de la raíz hasta la punta. Presionar durante 5 segundos y soltar para formar un rizo.

2. Repetir este procedimiento en el resto del cabello de modo que quede con muchos rizos gruesos en medios y puntas.

3. Con ayuda de las dos manos estirar los rizos para desmarcarlos dejando solo movimiento. Realizar el gesto de peinar el cabello con los dedos para que la acción sea más eficaz. Aplicar fijador.

4. Separar el flequillo, estirarlo hacia arriba y dividirlo en pequeños mechones. Tomar uno de ellos y peinar desde medios hacia las raíces con un peine de batir.

5. Repetir esta acción en cada mechón. Aplicar fijador y dejar un mechón sin batir para cubrir el tupé.

6. Peinar el mechón sin batir hacia atrás de modo que cubra los demás. Sujetar con un invisible. Aplicar fijador en todo el cabello.

MAQUILLAJE

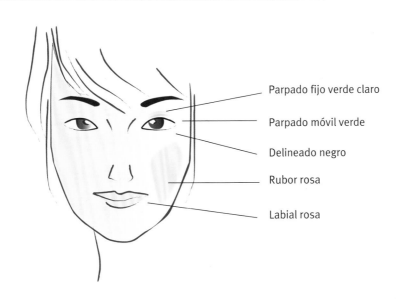

Parpado fijo verde claro

Parpado móvil verde

Delineado negro

Rubor rosa

Labial rosa

COLA DE CABALLO CON RIZOS

Julia Abburrá
19 años
Cabello largo, lacio, rubio claro

1. Con el peine de cola, peinar los laterales, la cúspide y la nuca del cabello hacia el centro de la cabeza para empezar a formar una cola de caballo.

2. Con la misma herramienta, repasar las partes indicadas para eliminar imperfecciones. Aplicar fijador.

3. Colocar dos invisibles en una banda elástica. Enganchar uno de ellos en la parte superior. Pasar la banda elástica alrededor de la cola tantas veces como se pueda para sujetar el cabello. Colocar el otro invisible.

4. Ubicar el ondulador en vertical apuntando hacia abajo. Enroscar un mechón de cabello de la cola. Presionar durante 5 segundos y soltar para formar un rizo. Repetir este procedimiento en el resto de la cola de caballo.

5. Tomar un mechón de cola de caballo y cubrir la banda elástica que la sujeta.

6. Dejar reposar 25 minutos y quitar los papeles con agua enjuagando todo el cabello.

6. Aplicar silicona en la cúspide y los laterales para evitar el frizz.

7. Con ayuda de las dos manos estirar los rizos para que no queden tan marcados. Realizar el gesto de peinar el cabello con los dedos para que la acción sea más eficaz. Aplicar fijador.

MAQUILLAJE

Parpado fijo marrón claro y marrón oscuro

Parpado móvil marrón

Delineado negro

Rubor rosa

Labial rosa claro

RODETE BAJO

Macarena Zabala
18 años
Cabello largo, lacio, castaño oscuro

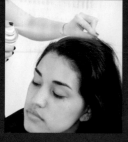

1. Con peine de cola, peinar el cabello hacia atrás aplicando gran cantidad de fijador para eliminar el frizz.

2. Formar una cola de caballo y ubicarla en la nuca. Colocar una banda elástica para sujetarla.

3. Tomar las puntas de la cola de caballo y llevarlas hacia la nuca.

4. Sujetar las puntas con invisibles debajo de la banda elástica.

5. Tomar un mechón de la cola y colocarlo alrededor de la banda elástica para ocultarla. Sujetar con un invisible.

6. Aplicar fijador en todo el peinado para que se mantenga por varias horas.

MAQUILLAJE

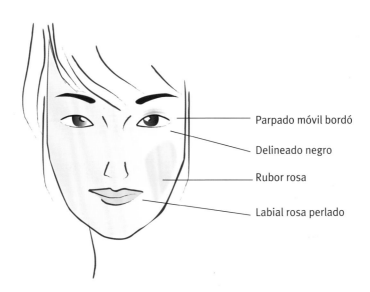

Parpado móvil bordó

Delineado negro

Rubor rosa

Labial rosa perlado

TRENZA COSIDA LATERAL

Ornella Valione
18 años
Cabello largo, lacio, rubio oscuro

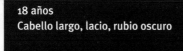

1. Con el peine de cola, trazar un triángulo en la parte del flequillo, separar los laterales hacia adelante y desenredar el cabello.

2. Tomar el flequillo, colocarlo hacia el lateral izquierdo y dividirlo en tres partes iguales. Trenzar intercalando cada una de ellas.

3. Incorporar nuevos mechones de cabello de ese lateral para formar una trenza cosida.

4. Continuar formando la trenza hasta llegar a las puntas del cabello. Dejar las mismas sin trenzar y sujetar con una banda elástica.

5. Tomar la trenza y colocar las puntas en la nuca. Sujetar con invisibles.

6. Colocar el mango del peine entre los mechones trenzados para aflojarlos un poco y evitar que tiren.

7. Tomar un mechón de cabello sin trenzar y formar, con los dedos, un círculo (anillos), que abarque todo el largo del cabello. Sujetar con una pinza de metal. Repetir este procedimiento en el resto del cabello para lograr movimiento.

8. Aplicar fijador para que los anillos se marquen bien y no se desarmen. Dejar resposar 20 minutos y quitar las pinzas de metal.

MAQUILLAJE

Parpado fijo verde claro

Parpado móvil verde oscuro

Delineado negro y sombra verde oscura

Rubor marrón

Labial rosa perlado

DOS TRENZAS

Luciana Lacquaniti
18 años
Cabello largo, lacio, rubio oscuro

1. Con el peine de cola, peinar el cabello hacia atrás. Tomar un mechón de cabello y, con la plancha, alisar desde la raíz hasta la mitad del largo. Allí, dar vuelta la plancha de modo que el cabello quede alrededor de la misma. Deslizar hacia las puntas formado un rizo. Repetir este procedimiento en todo el cabello.

2. Aplicar fijador en todo el cabello. Con peine de cola, trazar una raya zig-zag en el lateral derecho de modo que quede más cantidad de cabello en el costado opuesto.

3. Tomar el lateral derecho y dividirlo en tres partes iguales. Trenzar intercalando cada una de ellas.

4. Incorporar nuevos mechones de cabello del lateral derecho para lograr una trenza cosida.

5. En la 3/4 parte de la cabeza, sumar cabello del sector de la nuca hasta que todo el lateral forme parte de la trenza. Dejar las puntas sin trenzar y sujetar con una banda elástica.

6. Colocar las puntas sin trenzar alrededor de la banda elástica para ocultarla.

7. Repetir el procedimiento en el otro lateral formando una trenza cosida más gruesa que la anterior.

8. En las puntas sin trenzar, batir hasta la banda elásticas con peine de batir.

MAQUILLAJE

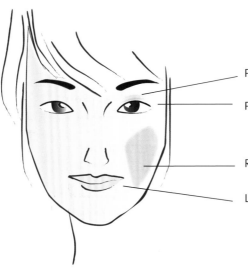

Parpado fijo verde claro

Parpado móvil verde oscuro

Rubor marrón

Labial rosa

MEDIO RECOGIDO CON RODETE

Ayelén Pellati
18 años
Cabello largo, lacio, castaño

1. Con el peine de cola, trazar dos rayas verticales paralelas en la cúspide de la cabeza. Sujetar con un gancho grande.

2. Peinar el lateral izquierdo hacia adelante y aplicar fijador. Colocarlo hacia atrás realizando una media torzada y sujetar con un invisible. Repetir el procedimiento en el lateral opuesto y sujetar con otro invisible.

3. Tomar la cúspide de la cabeza, aplicar fijador, peinar hacia atrás y trazar una línea horizontal que la divida en dos.

4. Dividir el mechón más cercano a la frente en dos partes iguales. Incorporar dos mechones de menor grosor de ambos costados.

5. Intercalar los mechones fino y grueso del lado derecho. Repetir el procedimiento del lado opuesto.

6. Intercalar el mechón grueso del costado derecho con el fino del izquierdo. Repetir el procedimiento de manera opuesta: intercalar el mechón grueso del costado izquierdo con el fino del derecho para que coincidan en el centro de la trenza.

7. Repetir el procedimiento formando una trenza espiga hasta la mitad del largo y sujetar con una banda elástica. Cubrir las torzadas con la trenza.

8. Aflojar la trenza con el mango del peine de cola. Dividir en dos las puntas de la trenza y doblarla llevándola hacia el centro de la cabeza. Sujetar con invisibles.

9. Planchar el resto del cabello a temperatura moderada ya que se trata de un cabello lacio. Aplicar fijador.

10. Tomar los mechones de las puntas sin trenzar y colocarlos alrededor de la trenza formando un rodete.

MAQUILLAJE

Parpado fijo beige esfumado

Parpado móvil marrón oscuro

Delineado marrón y negro

Rubor rosa oscuro

Labial rosa perlado

CORONA CON TRENZAS

Lucila Latorre
18 años
Cabello largo, lacio, castaño

1. Con el peine de cola, trazar una raya vertical en la mitad de la cabeza.

2. Tomar la mitad izquierda y dividirla en tres partes iguales. Intercalar cada una de ellas formando una trenza en medios y largos. Sujetar las puntas con una banda elástica.

3. Repetir el procedimiento en la otra mitad formando una trenza igual a la anterior.

4. Tomar la trenza derecha de las puntas y colocarla en el lateral izquierdo de la cabeza. Colocar la trenza restante en el lateral opuesto. Sujetar ambas con invisibles.

5. Aplicar fijador en todo el cabello para evitar que las trenzas se desarmen.

6. Tomar el flequillo y enroscarlo alrededor de la plancha para formar un rizo.

7. Aplicar silicona en las raíces para quitar el frizz.

MAQUILLAJE

Parpado fijo rosa claro

Parpado móvil bordó

Delineado negro

Rubor marrón oscuro y rosa

Labial y gloss, rosa y brillo

TRENZA VINCHA CON RODETE

Lucía Amarillo
18 años
Cabello largo, lacio, castaño cobrizo

1. Con el peine de cola, trazar una raya vertical en el lateral izquierdo. Tomar un mechón pequeño del costado derecho y dividirlo en tres partes iguales. Trenzar intercalando cada una de ellas.

2. Incorporar mechones del lateral derecho para lograr una trenza vincha que marque el rostro.

3. Continuar formando la trenza. Dejar las puntas sin trenzar y sujetar con una banda elástica.

4. Tomar el resto del cabello y peinarlo hacia atrás formando una cola de caballo. Aplicar fijador.

5. Colocar dos invisibles en una banda elástica. Enganchar uno de ellos en la parte superior del cabello. Pasar la banda elástica alrededor de la cola. Colocar el otro invisible.

6. Dividir la cola en cuatro partes: dos mechones gruesos y dos, más finos. Intercalar los mechones fino y grueso de ambos lados. Luego, intercalar el mechón grueso de un costado con el fino del otro de manera que coincida en el centro de la trenza formando una trenza espiga. Sujetar con una banda elástica.

7. Tomar la trenza espiga, enroscarla sobre sí misma y formar con ella un rodete en el centro de la cabeza. Sujetar con invisibles.

8. Colocar la trenza vincha alrededor del rodete. Sujetar con invisibles. Aplicar fijador para que el peinado no se desarme.

MAQUILLAJE

Parpado fijo marrón claro

Parpado móvil marrón

Delineado marrón y negro

Rubor marrón oscuro

Labial rosa

MEDIO RECOGIDO CON MOVIMIENTO

Constanza Francone
18 años
Cabello largo, lacio, castaño claro

1. Trazar una línea horizontal que divida al cabello en dos. Sujetar la parte del flequillo con una pinza metálica.

2. Tomar un mechón del lateral, aplicar fijador y colocar un rulero número 10 desde las puntas hasta las raíces. Repetir el procedimiento en el lateral contrario.

3. Tomar la cúspide de la cabeza y dividirla en dos. Aplicar fijador. Colocar un rulero número 10 en ambas partes.

4. Dividir el cabello restante en dos partes: superior e inferior. Sujetar la parte superior, tomar un mechón de cabello del sector inferior y enroscarlo alrededor de la plancha para formar rizos.

5. Tomar las puntas y formar, con los dedos, un círculo (anillo). Enrollar desde las puntas hasta la raíz de modo que abarque todo el largo del cabello. Sujetar a 4 centímetros de la raíz con una pinza de metal. Aplicar fijador.

6. Repetir el procedimiento en el resto del cabello formando rizos y anillos para lograr movimiento.

7. Dejar reposar 20 minutos y quitar las pinzas de metal. Con el peine de cola, peinar los laterales del cabello hacia atrás formando un medio recogido. Sujetar con un invisible. Aplicar silicona en el flequillo y la parte superior de la cabeza.

MAQUILLAJE

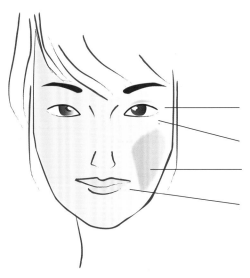

Parpado móvil verde oscuro

Delineado negro

Rubor marrón oscuro y rosa

Labial y gloss rosa

MEDIO RECOGIDO CON PLANCHA

María Gimena Allogio
21 años
Cabello largo, lacio, castaño claro

1. Con peine de cola, trazar una raya horizontal que divida el cabello en dos partes: superior e inferior. Sujetar el sector superior con pinzas de metal.

2. Tomar un mechón de la parte inferior y aplicar la plancha de raíces a puntas a temperatura moderada.

3. Repetir este procedimiento en todo el cabello de la parte inferior. Desprender mechones del sector superior y continuar alisando el cabello con la plancha.

4. Continuar con los laterales y la cúspide de la cabeza hasta que todo el cabello esté lacio. Aplicar fijador.

5. Peinar el lateral izquierdo, derecho y la cúspide hacia atrás formando un medio recogido. Sujetar con una banda elástica.

6. Aplicar silicona en las raíces para evitar el frizz. Repasar con el peine de cola para eliminar cualquier imperfección.

7. Tomar un mechón del medio recogido y colocar alrededor de la banda elástica para cubrirla. Sujetar con un invisible y aplicar fijador en todo el peinado.

MAQUILLAJE

Parpado fijo blanco

Parpado móvil plateado

Delineado negro esfumado

Rubor marrón oscuro y rosa

Labial y gloss rosa

FLEQUILLO HACIA EL COSTADO CON BATIDO

Tatiana Vázquez
18 años
Cabello largo, con ondas, rubio claro

1. Con peine de cola, trazar una línea vertical en el lateral derecho. Desenredar el cabello y sujetar con un gancho grande. Aplicar fijador en el flequillo y peinarlo hacia el lateral izquierdo.

2. Repetir el procedimiento colocando abundante cantidad de fijador en el flequillo hasta lograr aplastarlo.

3. Peinar el flequillo hacia el costado izquierdo y enroscar sus puntas. Sujetar con un invisible detrás de la oreja.

4. Tomar pequeños mechones de la parte superior de la cabeza. Estirarlos hacia arriba y peinar desde las puntas hacia las raíces con un peine de batir.

5. Continuar tomando mechones de la parte superior e inferior de la cabeza y batir desde puntas hasta la raíz procurando lograr mucho volumen. Aplicar fijador para mantener el batido.

6. Tomar un mechón del lateral izquierdo y formar una torzada hacia la nuca. Sujetar con una banda elástica. Realizar torzadas en el sector de la nuca y unificar el largo de las mismas con una banda elástica. El objetivo de esta acción es concentrar volumen en la parte superior de la cabeza.

7. Batir nuevamente el cabello para aumentar el volumen. Aplicar fijador.

8. Formar una pequeña trenza en el lateral derecho. Tomar las puntas del cabello y enroscarlas sobre sí mismas para darle una terminación en "picos" y, nuevamente, concentrar volumen en la parte superior de la cabeza.

MAQUILLAJE

Parpado fijo blanco

Parpado móvil sombra verde

Delineado negro

Rubor marrón oscuro

Labial marrón claro

MEDIO RECOGIDO CON TORZADAS

Priscila Glat
18 años
Cabello largo, lacio, rubio claro

1. Con peine de cola, trazar dos líneas diagonales que formen un triangulo en el flequillo. Sujetar con un gancho grande.

2. Peinar el lateral derecho hacia atrás. Aplicar fijador y colocarlo hacia el lateral izquierdo. Sujetar con invisibles.

3. Continuar tirando el cabello hacia el costado izquierdo y formar una torzada. Colocarla desde el lateral izquierdo hacia el derecho. Sujetar con invisibles.

4. Tomar el costado izquierdo y realizar una torzada. Colocar junto a la anterior. Sujetar con un invisible.

5. Tomar la parte superior izquierda del cabello y formar una trenza. Sujetar con un invisible en el centro de la cabeza.

6. Tomar el otro lateral de la parte superior y realizar una torzada. Unir al resto y sujetar con un invisible.

7. Dividir el flequillo en dos, aplicar fijador en ambas partes. Tomar la parte que se encuentre más cerca de la frente y peinar hacia atrás. Sujetar con invisible.

8. Planchar el resto del flequillo y colocarlo hacia atrás. Repetir el procedimiento en el resto del cabello suelto. Aplicar silicona en medios y largos.

MAQUILLAJE

Parpado fijo marrón

Parpado móvil dorado

Delineado negro (solo arriba)

Rubor marrón

Labial natural

RECOGIDO CON TORZADAS Y MOVIMIENTO

Silvia Guayquimil
18 años
Cabello largo, con ondas, rubio

1. Con peine de cola, peinar el cabello hacia atrás. Aplicar la plancha en medios y puntas para quitar el frizz.

2. Trazar una línea horizontal que separe el flequillo del resto del cabello. Peinar el lateral derecho hacia atrás y dividirlo en dos.

3. Tomar el mechón superior y realizar una torzada que llegue al centro de la cabeza. Girar el mechón como si se hiciera un medio rodete. Sujetar con un invisible.

4. Tomar el mechón inferior del mismo lateral y realizar, con el mismo procedimiento, una nueva torzada contigua a la anterior. Sujetar con un invisible.

5. Tomar la otra mitad de cabello y formar una torzada como las anteriores en el centro de la cabeza.

6. Realizar una nueva torzada (similar a las anteriores) con el mechón ubicado cerca de la oreja izquierda. Sujetar con un invisible.

7. Tomar el largo de cada una de las torzadas y formar, con los dedos, un anillo desde las puntas hasta la torzada. Sujetar con una pinza de metal y aplicar fijador.

8. Peinar hacia arriba un mechón del lateral de la nuca. Aplicar fijador y realizar una nueva torzada hacia el centro de la cabeza. Realizar dos torzadas más con el cabello de la nuca.

9. Formar anillos de cabello con las puntas de las torzadas de la nuca.

10. Planchar las puntas que quedaron en el recogido y colocarlas hacia afuera para darle definición al recogido.

11. Planchar el flequillo y peinarlo hacia el lateral derecho. Sujetarlo con un invisible cerca de la oreja y aplicar fijador. Dejar las pinzas 20 minutos y quitarlas.

MAQUILLAJE

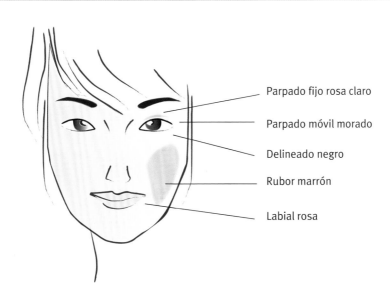

Parpado fijo rosa claro

Parpado móvil morado

Delineado negro

Rubor marrón

Labial rosa

RODETE TRENZADO

Berenice Nicolini
18 años
Cabello largo, con ondas, rubio

1. Con el peine de cola, separar el flequillo y los laterales. Sujetarlos con pinzas de metal.

2. Con la misma herramienta, peinar el resto del cabello hacia atrás formando una cola de caballo. Aplicar fijador y sujetar con una banda elástica.

3. Tomar el lateral derecho, peinar hacia atrás y enroscar alrededor de la banda elástica para ocultarla.

4. Dividir la cola de caballo en tres partes iguales. Trenzar intercalando cada una de ellas. Sujetar las puntas con una banda elástica.

5. Enroscar la trenza sobre sí misma formando un rodete en el centro de la cabeza. Sujetar con invisibles.

6. Tomar un mechón del lateral restante, dividir en tres y trenzar intercalando cada una de ellas. Sumar cabello del resto del lateral para formar una trenza cosida. Sujetar las puntas con una banda elástica.

7. Sujetar las puntas de esa trenza en el mismo lateral con invisibles.

8. Aplicar spray con brillo para resaltar el peinado.

MAQUILLAJE

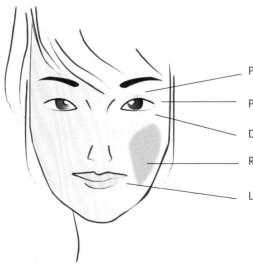

Parpado fijo blanco

Parpado móvil azul

Delineado negro

Rubor cremoso rosa oscuro

Labial y gloss rosa

PICOS

Jessica Chapacau
18 años
Cabello corto, lacio, castaño

1. Con peine de cola, trazar una línea horizontal que separe el flequillo del resto del cabello. Colocar gel en esta parte de la cabeza.

2. Tomar un mechón del lateral izquierdo próximo al flequillo y, con gel en las manos, enroscar sobre sí mismo peinándolo hacia arriba y formando un "pico".

3. Repetir el procedimiento colocando abundante cantidad de gel en dos mechones próximos al flequillo de modo que queden tres picos en la parte delantera. Tomar mechones de cabello detrás de los anteriores y enroscarlos sobre sí mismos formando picos en la cúspide de la cabeza.

4. Continuar formando picos con gel hacia la nuca tomando mechones del mismo grosor. Ubicar uno a 4 centímetros del otro.

5. Enroscar la trenza sobre sí misma formando un rodete en el centro de la cabeza. Sujetar con invisibles.

6. Tomar un mechón del lateral restante, dividir en tres y trenzar intercalando cada una de ellas. Sumar cabello del resto del lateral para formar una trenza cosida. Sujetar las puntas con una banda elástica.

7. Con peine de cola, peinar con mousse el flequillo hacia el costado derecho.

8. Peinar ambas patillas hacia abajo colocando gel. Aplicar fijador en toda la cabeza para mantener el peinado.

MAQUILLAJE

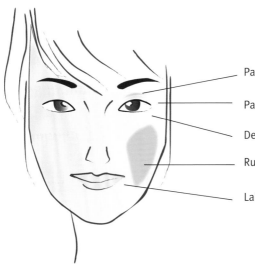

Parpado fijo verde oscuro

Parpado móvil verde claro

Delineado negro

Rubor cremoso rosa oscuro

Labial rosa

MINI RODETES

María Eugenia Massa
19 años
Cabello largo, con ondas, rubio oscuro

1. Con peine de cola, trazar en el flequillo dos líneas diagonales en forma de triángulo. Sujetar con una pinza de metal. Trazar una raya vertical que divida al cabello en dos.

2. Tomar el costado izquierdo y trazar una raya horizontal, separando el lateral. Peinar la parte superior hacia arriba y sujetar con una banda elástica.

3. Tomar el mechón inferior del costado izquierdo, aplicar fijador y sujetar con una banda elástica formando una pequeña cola.

4. Dividir en dos el costado derecho con una raya horizontal. Formar dos colas pequeñas iguales al lateral opuesto. Sujetar con bandas elásticas.

5. Enroscar el cabello de la cola superior derecha y formar un pequeño rodete. Sujetar con un invisible.

6. Repetir el procedimiento y formar cuatro rodetes con las colas pequeñas. Tomar el lateral derecho y peinar hacia la nuca colocando abundante cantidad de fijador.

7. Enroscar las puntas sobre sí mismas y sujetar con un invisible. Peinar el lateral izquierdo hacia atrás y unir con el anterior formando un nudo doble. Sujetar ambas puntas con invisibles.

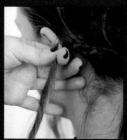

8. Con peine de cola, peinar el flequillo hacia adelante, enroscar sobre sí mismo y formar un rodete dejando sueltas las puntas. Sujetar con invisibles.

9. Aplicar fijador en todo el peinado, tomar las puntas del rodete y, con peine de batir, peinar desde las puntas hasta el invisible.

MAQUILLAJE

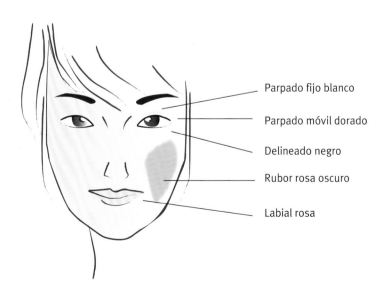

Parpado fijo blanco

Parpado móvil dorado

Delineado negro

Rubor rosa oscuro

Labial rosa

RODETE BAJO CUBIERTO

Stefania Wirkens
20 años
Cabello largo, lacio, rubio claro

1. Con peine de cola, trazar una línea vertical en el lateral izquierdo, aplicar fijador y peinar el flequillo hacia atrás.

2. Tomar un mechón pequeño del flequillo cercano a la raya, enroscarlo sobre sí mismo y sujetar con un invisible en el centro de la cabeza.

3. Peinar el lateral derecho hacia atrás aplicando gran cantidad de fijador. Tirar el cabello hacia el lateral opuesto y sujetar con un gancho grande.

4. Sujetar el flequillo con un gancho grande. Peinar el lateral izquierdo hacia atrás y formar una cola de caballo. Colocar una banda elástica y dejar algunos mechones sueltos en la nuca.

5. Tomar las puntas sin sujetar y colocarlas alrededor de la banda elástica para cubrirla. Sujetar con invisibles.

6. Peinar el flequillo hacia atrás. Colocar las puntas alrededor de la banda elástica.

7. Aplicar fijador en todo el peinado para que se mantenga por varias horas.

MAQUILLAJE

Parpado fijo rosa

Parpado móvil violeta

Delineado esfumado en violeta y negro

Rubor marrón cremoso

Labial marrón oscuro

TORZADAS

Mariela Marchi
23 años
Cabello largo, lacio, castaño

1. Planchar el flequillo para acentuar el lacio del cabello.

2. Peinar el cabello hacia atrás y trazar una raya vertical en la mitad de la cabeza. Trazar una raya paralela en el costado derecho y, con el mechón delimitado, formar una torzada hasta la mitad de la cabeza. Colocar hacia el lateral izquierdo y sujetar con invisibles.

3. Formar una nueva torzada con el mechón contiguo al anterior y sujetar con invisibles.

4. Tomar un mechón siguiente y formar una nueva torzada de la misma extensión. Sujetar con un invisible y aplicar fijador.

5. Realizar una nueva torzada con cabello cercano a la nuca y colocarla hacia el lateral izquierdo. Sujetar con invisibles. Formar una última torzada en la nuca y unificar en el lateral izquierdo con las demás.

6. Tomar dos torzadas del costado derecho (cerca de la cúspide) y realizar un pequeño rodete en el centro de la cabeza. Repetir este procedimiento con otras dos. Sujetar con un invisible.

7. Colocar gel en el lateral izquierdo del cabello y peinar con peine de cola. En la mitad del mechón realizar una media torzada y colocarla detrás de la oreja. Sujetar con un invisible.

8. Tomar un mechón de cabello del lateral izquierdo y, enroscarlo alrededor de la plancha en temperatura moderada. Repetir el procedimiento en mechones intercalados de este sector.

9. Aplicar silicona en la cúspide de la cabeza y el flequillo.

MAQUILLAJE

Parpado fijo blanco

Parpado móvil gris oscuro

Delineado negro

Rubor rosa oscuro

Labial gloss rosa

RECOGIDO ALTO CON RODETE

María Fernanda Reynoso
23 años
Cabello largo, lacio, rubio muy claro

1. Con peine de cola, trazar un triángulo en el flequillo y sujetarlo con un gancho grande. Separar los laterales y peinar el resto del cabello hacia atrás.

2. Peinar el resto del cabello desde la nuca hacia la cúspide de la cabeza formando una cola de caballo alta. Sujetar con una banda elástica y un invisible.

3. Llevar las puntas hacia adentro de la cola y volverlas a sacar hacia el costado derecho.

4. Con peine de cola y fijador, colocar el lateral derecho debajo y a la izquierda de la cola. Sujetar con un invisible.

5. Repetir el procedimiento con el otro lateral y colocar las puntas debajo y a la derecha de la cola.

6. Peinar el flequillo hacia el costado derecho, enroscar sobre sí mismo y realizar una torzada.

7. Con el resto del cabello, formar un rodete suelto en el centro de la cabeza. Sujetar con un invisible y aplicar fijador.

MAQUILLAJE

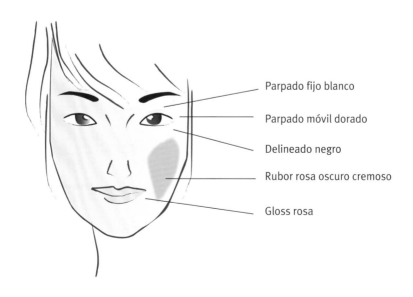

Parpado fijo blanco

Parpado móvil dorado

Delineado negro

Rubor rosa oscuro cremoso

Gloss rosa

COLMENA

Ariadna Espinosa
20 años
Cabello largo, con ondas, rubio oscuro

1- Con peine de cola, trazar una raya horizontal en la mitad de la cabeza y separar los laterales. Sujetarlos con pinzas de metal. Tomar un mechón del resto del cabello, estirar hacia arriba y peinar desde medios hacia las raíces con un peine de batir concentrando el volumen en las raíces. Aplicar fijador.

2- Repetir este procedimiento en todo el cabello de la parte superior. Dejar un mechón sin batir para cubrir la colmena.

3- Formar una cola de caballo en la nuca y sujetar con una banda elástica.

4- Tomar el largo de la cola y colocar alrededor de la banda elástica formando un rodete. Sujetar con invisibles.

5- Tirar el mechón del sector superior sin batir hacia atrás de modo que cubra los demás. Colocar el cabello batido hacia atrás y enroscar el largo formando un rodete. Colocarlo entre la colmena y el rodete de la nuca. Sujetar con un invisible.

6- Peinar el lateral derecho hacia la nuca, enroscar sobre sí mismo y colocar debajo del rodete de la nuca. Sujetar con un invisible.

7- Aplicar fijador en el lateral izquierdo y repetir el procedimiento. Colocar en el costado derecho del rodete de la nuca.

8- Sujetar la parte inferior de la colmena con nuevos invisibles para ubicarla más arriba. Aplicar fijador para que el peinado se mantenga.

9- Tomar el flequillo, enroscar sobre sí mismo y colocar debajo del rodete. Aplicar fijador en todo el peinado.

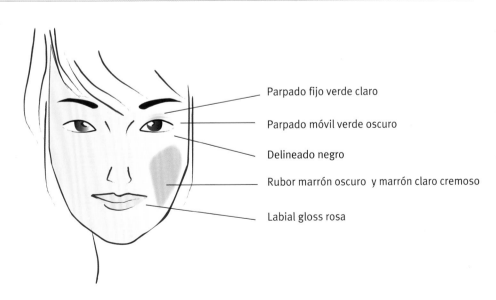

Parpado fijo verde claro

Parpado móvil verde oscuro

Delineado negro

Rubor marrón oscuro y marrón claro cremoso

Labial gloss rosa

VINCHA CON BATIDO SUAVE

María Paula Aliberto
18 años
Cabello largo, lacio, castaño claro

1- Con peine de cola, trazar una raya horizontal en la mitad de la cabeza y separar los laterales. Sujetar el resto del cabello con un gancho grande.

2- Peinar el lateral izquierdo hacia atrás y sujetar cerca de la nuca con un gancho grande. Repetir el procedimiento en el lateral opuesto.

3- Unir ambos laterales en la nuca y formar una pequeña cola. Sujetar con una banda elástica.

4- Planchar el cabello a temperatura moderada para quitar el frizz.

5- Tomar un mechón de la parte superior de la cabeza, estirar hacia arriba y peinar desde medios hacia las raíces con peine de batir. No reiterar esta acción muchas veces en cada mechón porque se busca un batido suave.

6- Repetir este procedimiento en el resto del cabello, salvo en los mechones de la parte inferior para no generar mucho volumen.

7- Peinar todo el cabello hacia atrás con una peineta de cerdas anchas. Aplicar fijador y siliconas en medios y puntas para eliminar el frizz.

MAQUILLAJE

Parpado fijo rosa

Parpado móvil violeta

Delineado negro y rosa

Rubor marrón

Labial rouge rojo

COLA LATERAL CON MOVIMIENTO

Brenda Ávila
18 años
Cabello largo, con ondas, castaño claro

1- Con el peine de cola, trazar un triángulo en la parte del flequillo y sujetarlo con un gancho grande.

2- Tomar el lateral izquierdo, aplicar fijador y realizar una media torzada en la cúspide de la cabeza pero tirando el cabello hacia el costado derecho. Sujetar con un invisible.

3- Realizar otra media torzada con cabello del mismo lateral cercano a la oreja. Aplicar fijador y sujetar con un invisible.

4- Formar una cola hacia el costado derecho con el resto del cabello. Sujetar con una banda elástica.

5- Peinar el cabello del lateral derecho hacia atrás y colocarlo alrededor de la cola formada para sujetarla.

6- Tomar un mechón pequeño del flequillo y dividirlo en tres partes iguales. Trenzar intercalando cada una de ellas.

7- Continuar formando la trenza hasta las puntas y sujetar con una banda elástica. Colocar un mechón sin trenzar alrededor de la banda para ocultarla.

8- Colocar la trenza sobre las torzadas de la cola que se encuentra hacia el lateral. Aplicar fijador.

9- Formar pequeños rizos colocando mechones alrededor de la plancha y deslizándola hacia las puntas. Aplicar spray con brillo.

MAQUILLAJE

Parpado fijo dorado

Parpado móvil violeta y blanco

Delineado negro y negro esfumado

Rubor marrón

Labial marrón

MOÑO

Rosana Ledesma
18 años
Cabello largo, lacio, castaño claro

1. Con peine de cola, peinar el cabello hacia atrás y aplicar fijador en todo el cabello para eliminar el frizz. Sujetar con pinzas de metal.

2. Peinar el cabello de la nuca hacia la cúspide y formar una cola de caballo.

3. Colocar un invisible en una banda elástica, enganchar el invisible en la parte superior de la cola y pasar la banda alrededor de la cola. Colocar el otro extremo de la banda elástica en el invisible.

4. Dividir la cola en dos y aplicar fijador en cada una de las partes.

5. Tomar una mitad, doblar y colocar las puntas alrededor de la banda elástica para cubrirla.

6. Desenredar la otra mitad de la cola de caballo y repetir este procedimiento. Sujetar con invisibles.

7. Cubrir el cabello ubicado alrededor de la banda elástica y colocar las puntas hacia la cúspide de la cabeza. Aplicar fijador en toda la cabeza.

8. Planchar las puntas sueltas y aplicar fijador nuevamente.

MAQUILLAJE

Parpado fijo blanco

Parpado móvil dorado

Delineado negro

Rubor marrón claro cremoso

Labial gloss rosa

DOS TRENZAS CON RIZOS

Martina D' Aramo
18 años
Cabello largo, lacio, castaño rojizo

1. Con el peine de cola, separar los laterales con pinzas de metal y peinar el cabello hacia atrás.

2. Trazar una raya en la mitad de la cabeza. Tomar un pequeño mechón de cabello (más cercano al lateral derecho) y dividir en tres partes iguales. Intercalar cada una de ellas formando una trenza cosida.

3. Incorporar mechones de la cúspide de la cabeza e integrar a la trenza hasta llegar a 1/4 de la cabeza. Sujetar con un invisible .

4. Tomar un mechón del centro de la cabeza (más cercano al lateral izquierdo) y repetir el procedimiento formando otra trenza cosida. Sujetar con un invisible.

5. Con la plancha, alisar un mechón del lateral izquierdo desde la raíz hasta la mitad del largo. Allí, dar vuelta la plancha de modo que el cabello quede alrededor de la misma. Deslizar hacia las puntas formado un rizo. Repetir este procedimiento en todo el cabello.

6. Con cada rizo, formar un anillo y sujetar con pinzas de metal a distancias variadas de la raíz para lograr movimiento. Dejar algunos mechones solo con rizos.

7. Aplicar fijador en todo el cabello, dejar los anillos 20 minutos y quitar las pinzas.

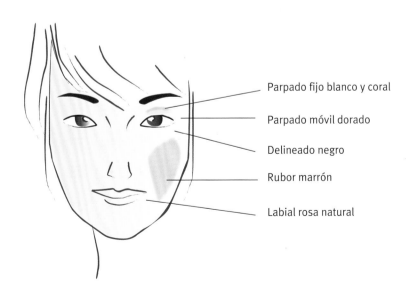

Parpado fijo blanco y coral

Parpado móvil dorado

Delineado negro

Rubor marrón

Labial rosa natural

TRENZAS CRUZADAS

Flavia Kamlofsky
22 años
Cabello largo, lacio, rubio

1. Con el peine de cola, trazar una raya vertical en la mitad del cabello y aplicar fijador a ambos costados para eliminar el frizz.

2. Tomar el lateral derecho y formar una cola. Sujetar con una banda elástica y colocar las puntas alrededor de la misma para ocultarla. Sujetar con invisibles.

3. Dividir la cola en cuatro partes: dos mechones más gruesos y dos, más finos. Trenzar intercalando cada uno de ellos.

4. Intercalar el mechón grueso del costado derecho con el fino del izquierdo. Repetir el procedimiento de manera opuesta: intercalar el mechón grueso del costado izquierdo con el fino del derecho para que coincidan en el centro de la trenza. Continuar con el procedimiento hasta llegar al final de la cola. Sujetar con una banda elástica y cubrirla con cabello sin trenzar.

5. Colocar las puntas sin trenzar en el centro de la cabeza y sujetar con invisibles.

6. Repetir el procedimiento en la otra mitad del cabello formando una trenza espiga.

7. Cubrir la banda elástica del final de la trenza con cabello sin trenzar. Colocar las puntas de la trenza en el lateral izquierdo de modo que se cruce con la anterior. Sujetar con invisibles y aplicar fijador en todo el cabello.

MAQUILLAJE

Parpado fijo verde claro

Parpado móvil verde oscuro

Delineado negro

Rubor marrón

Labial y gloss rosa

María Agustina Barraza
24 años
Cabello largo, lacio, castaño

1. Con el peine de cola, trazar una curva en forma de U que divida al cabello en cuatro: laterales, parte superior e inferior. Sujetar el sector superior con un gancho grande.

2. Tomar un mechón de la parte inferior y, con cepillo térmico y secador, cepillar hasta la mitad del largo alisando el cabello. Colocar las puntas alrededor del cepillo y dar calor con el secador.

3. Peinar otro mechón hacia arriba, envolver las puntas en el cepillo y dar calor con el secador.

4. Desprender capas de cabello de la parte superior y repetir el procedimiento realizado en los pasos anteriores.

5. Desprender una nueva capa de cabello, tomar un mechón y, con la plancha, alisar desde la raíz hasta la mitad del largo.

6. Allí, enroscar la plancha alrededor de las puntas y deslizar formando un rizo

7. Repetir este procedimiento con otros mechones de la misma parte del cabello y en los laterales.

8. Desmarcar los rizos con el cepillo de modo que solo quede un movimiento en las puntas.

9. Peinar el cabello de los laterales hacia arriba con cepillo, colocar las puntas alrededor del mismo y dar calor con el secador. Unificar con el resto.

10. Soltar el cabello de la parte superior y colocar el mechón completo alrededor del cepillo y dar calor con el secador para dar más movimiento.

11. Colocar el flequillo hacia el lateral derecho y aplicar fijador en todo el cabello para mantener el peinado.

MAQUILLAJE

Parpado fijo sombra gris claro

Parpado móvil sombra gris oscuro

Delineado negro

Rubor rosa

Labial rosa

COLA CON TRENZA ESPIGA

Micaela Zebe
20 años
Cabello largo, con ondas, rubio claro

1. Con el peine de cola, peinar el cabello hacia el lateral derecho aplicando abundante cantidad de fijador para eliminar el frizz.

2. Peinar hacia el lateral derecho y formar una cola de caballo hacia ese costado. Aplicar fijador y enroscar el cabello. Colocar un invisible en una banda elástica, engancharlo en la cola y pasar la banda elástica alrededor de la misma.

3. Separar un mechón de la cola y colocarlo alrededor de la banda elástica para evitar que esta se vea. Sujetar con un invisible y aplicar fijador.

4. Tomar un mechón de cabello de la cola y dividirlo en cuatro partes: dos mechones más gruesos y dos, más finos.

5. Intercalar los mechones fino y grueso del lado derecho y también los dos del lado opuesto. Cruzar el mechón grueso del costado derecho con el fino del izquierdo.

6. Repetir el procedimiento de manera opuesta: intercalar el mechón grueso del costado izquierdo con el fino del derecho para que coincidan en el centro formando una trenza espiga.

7. Sujetar con una banda elástica y colocar un mechón de las puntas sin trenzar alrededor de la banda. Colocar un invisible.

8. Con peine de batir, peinar todo el cabello desde las puntas hacia la banda elástica. Repetir esta acción varias veces para lograr un batido notorio.

9. Batir el cabello de la cola que ha quedado sin trenzar y aplicar fijador.

MAQUILLAJE

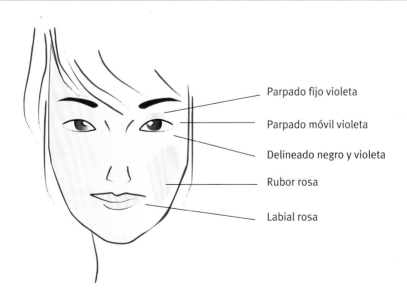

Parpado fijo violeta

Parpado móvil violeta

Delineado negro y violeta

Rubor rosa

Labial rosa

RECOGIDO ENTRELAZADO

Soledad Ostapowicz
18 años
Cabello largo, lacio, castaño claro

1. Con peine de cola, trazar una raya horizontal en la mitad de la cabeza que separe los laterales del resto del cabello.

2. Aplicar fijador y peinar un mechón de cabello hacia arriba formando una pequeña cola en la cúspide de la cabeza. Sujetar con una banda elástica.

3. Repetir este procedimiento con dos mechones más de cabello de modo que queden formadas tres colas de caballo en la cúspide de la cabeza.

4. Tomar un mechón de cada una de las colas y colocarlo alrededor de las bandas elásticas para ocultarlas. Sujetar cada mechón con un invisible.

5. Tomar un mechón de una de las colas y colocarlo alrededor de la plancha para formar un rizo.

6. Repetir este procedimiento en el resto de la cola. Reiterar la acción en las demás.

7. Tomar un pequeño rizo y, con ayuda de los dedos índice y pulgar, enroscar formando un anillo. Sujetar con un invisible.

8. Repetir este procedimiento con cada uno de los rizos de las colas. Ubicar cada anillo alrededor de la bandas elásticas cuidando que no se superpongan. Aplicar fijador para mantener el peinado.

9. Tomar el lateral derecho, aplicar fijador y peinar hacia la cúspide. Realizar una torzada y colocarla debajo de la cola ubicada más cerca de ese lateral. Sujetar con un invisible.

10. Con el largo del lateral formar un nuevo anillo e integrarlo a los demás que ya forman parte del peinado.

11. Repetir el procedimiento en el otro lateral formando un nuevo anillo.

12. Tomar el flequillo, peinar hacia el costado derecho y formar una torzada. Sujetar con un invisible.

MAQUILLAJE

Parpado fijo rosa claro

Parpado móvil morado

Delineado negro

Rubor rosa

Labial rosa

TRENZAS CON RODETE

Daniela Eiriz
19 años
Cabello largo, con ondas, rubio

1. Aplicar fijador en todo el cabello para quitar el frizz. Con el peine de cola, trazar una curva en forma de U y dividir el cabello en cuatro: laterales, parte inferior y superior. Sujetar esta última con un gancho grande.

2. Dividir un mechón del lateral derecho en tres e Intercalar cada uno formando una trenza cosida.

3. Incorporar pequeños mechones del resto del lateral hasta llegar a las puntas. Sujetar con una banda elástica y separar el mismo lateral con una pinza de metal para trabajar con comodidad.

4. Repetir el procedimiento en el lateral izquierdo formando una trenza cosida. Sujetar con una banda elástica y colocar en el centro de la cabeza con un invisible.

5. Desenredar la parte inferior del cabello y formar un rodete. Sujetar con un invisible.

6. Tomar la parte superior del cabello, enroscar y colocar alrededor del rodete. Sujetar con invisibles y dejar las puntas sueltas.

7. Peinar el cabello suelto desde los medios hacia las puntas con peine de batir.

8. Cruzar las trenzas en la nuca de la cabeza y colocarlas alrededor del rodete, quitar las bandas elásticas de las puntas y sujetar con invisibles.

9. Batir las puntas de ambas con el peine correspondiente y aplicar fijador para mantener el peinado.

MAQUILLAJE

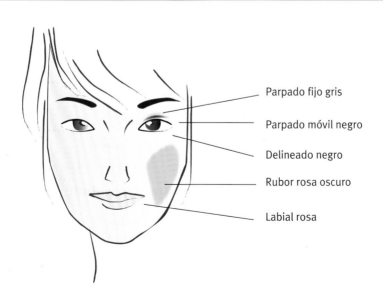

Parpado fijo gris

Parpado móvil negro

Delineado negro

Rubor rosa oscuro

Labial rosa

CRESTA BATIDA

María Eugenia Lachade
20 años
Cabello corto, lacio, castaño

      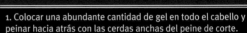

1. Colocar una abundante cantidad de gel en todo el cabello y peinar hacia atrás con las cerdas anchas del peine de corte.

2. Repasar con el peine de cola y colocar ambos laterales hacia atrás alejando el cabello del rostro.

 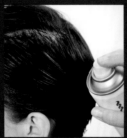

3. Con los dedos, tomar mechones de la cúspide de la cabeza. Colocarlos hacia arriba y levemente hacia adelante formando una cresta. Secar el cabello para fijarla.

4. Humedecer el cabello de los laterales con rociador y peinarlos hacia atrás con peine de cola. Aplicar fijador en estos sectores del cabello para que la cresta sea notoria.

5. Con peine de cola, colocar los mechones de la cúspide hacia arriba. Peinar de raíces a puntas y viceversa (como un batido) para lograr un efecto desprolijo.

6. Aplicar fijador en la cresta para que se mantenga con las horas.

7. Colocar mousse en los laterales y peinarlos hacia atrás.

MAQUILLAJE

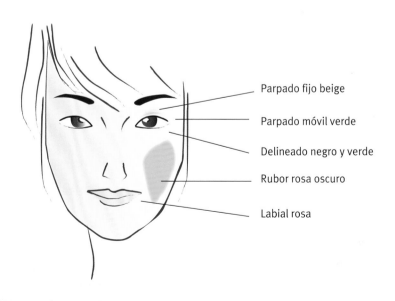

Parpado fijo beige

Parpado móvil verde

Delineado negro y verde

Rubor rosa oscuro

Labial rosa

RECOGIDO ROMÁNTICO

Gisela Chamorro
25 años
Cabello largo, lacio, castaño oscuro

1. Aplicar agua en la cúspide de la cabeza con un rociador para quitar el frizz. Separar los laterales y sujetarlos con pinzas de metal.

2. Formar una curva cerca de la nuca que divida al cabello en parte inferior y superior. Tomar esta última y colocar un invisible y una banda elástica alrededor de la cola formada.

3. Tomar un mechón de cabello y colocarlo alrededor de la banda elástica para evitar que se vea.

4. Dividir la cola en tres. Tomar un mechón, aplicar fijador y darlo vuelta sobre sí mismo varias veces formando un anillo. Sujetar con un invisible al lado de la banda elástica oculta.

5. Repetir esta acción con los dos mechones restantes formando tres anillos alrededor de la banda elástica.

6. Tomar pequeños mechones de la parte inferior del cabello y formar anillos de modo que se incorporen al peinado. Sujetar con invisibles.

7. Dividir el cabello de la nuca en dos. Peinar la mitad izquierda hacia arriba, aplicar fijador y colocar en el costado derecho del peinado formando un nuevo anillo. Sujetar con invisibles.

8. Reiterar el procedimiento cruzando la otra mitad hacia el costado opuesto y formando un anillo. Sujetar con invisibles.

9. Dividir el lateral izquierdo en dos y peinar una mitad hacia atrás aplicando fijador. Formar un nuevo anillo con las puntas.

10. Peinar lo que queda del lateral izquierdo hacia atrás formando una torzada en el centro de la cabeza.

11. Sujetar con un invisible y formar un nuevo anillo integrado al peinado. Aplicar fijador para mantener el recogido y peinar el flequillo hacia el costado derecho.

MAQUILLAJE

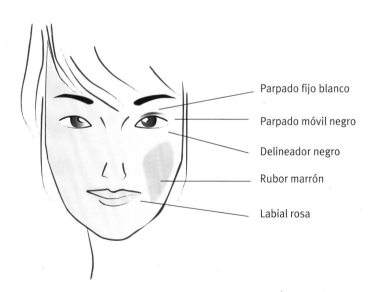

Parpado fijo blanco

Parpado móvil negro

Delineador negro

Rubor marrón

Labial rosa

TRENZA COSIDA EN RODETE

Florencia Viarenghi
18 años
Cabello largo, lacio, rubio claro

1. Con el peine de cola, trazar un triángulo en la parte del flequillo, separar la parte izquierda de la cúspide de la cabeza y sujetar con pinzas de metal.

2. Tomar un mechón de la parte media- derecha de la cabeza y formar una torzada. Sujetar con un invisible en el lateral izquierdo.

3. Separar un mechón del costado derecho de la nuca y colocar el resto hacia el lateral izquierdo. Sujetar esta parte con un gancho grande.

4. Dividir el mechón seleccionado en tres partes iguales. Trenzar intercalando cada una de ellas.

5. Trenzar hacia el lateral izquierdo incorporando nuevos mechones de cabello hasta llegar a las puntas. Sujetar con una banda elástica.

6. Colocar las puntas hacia adentro, alrededor de la oreja izquierda, doblando la trenza como si fuera un rodete. Sujetar con invisibles.

7. Tomar un mechón de la cúspide de la cabeza, colocarlo hacia arriba y peinar de puntas a raíz con peine de batir. Repetir esta acción con todo el cabello de la cúspide. Aplicar fijador.

8. Peinar con peineta esta parte del cabello hacia atrás y formar un rodete con forma de anillo. Sujetar con invisibles.

9. Planchar el flequillo y colocarlo hacia el lateral derecho. Tomar un mechón del mismo lateral y formar un rizo en las puntas.

MAQUILLAJE

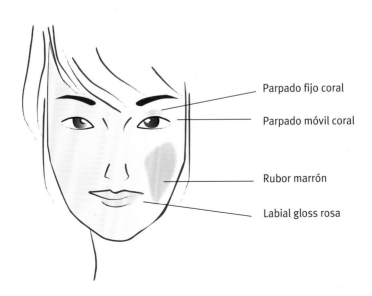

Parpado fijo coral

Parpado móvil coral

Rubor marrón

Labial gloss rosa

SEMI - RECOGIDO CON MOÑO

Julieta Viarenghi
19 años
Cabello largo, lacio, rubio

1. Con peine de cola, trazar una raya horizontal en el centro de la cabeza y peinar el cabello hacia atrás aplicando fijador. Sujetar con un gancho grande.

2. Formar una media cola de caballo y sujetar con una banda elástica.

3. Dividir la cola en dos, tomar una mitad, doblarla y colocar las puntas alrededor de la banda elástica para cubrirla.

4. Tomar el resto de la cola y reiterar el procedimiento. Sujetar con invisibles.

5. Aplicar fijador en todo el peinado para mantenerlo por varias horas.

6. Planchar el cabello que quedó suelto desde la raíz hasta los medios. Allí, dar vuelta y formar un pequeño rizo. Aplicar fijador nuevamente.

MAQUILLAJE

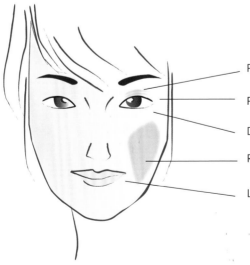

Parpado fijo morado

Parpado móvil morado

Delineador negro

Rubor marrón

Labial gloss rosa

MEDIO RECOGIDO

Martina Lehmann
19 años
Cabello largo, lacio, rubio

1. Con peine de cola, trazar una raya horizontal en el centro de la cabeza y peinar el cabello hacia atrás aplicando fijador. Sujetar con un gancho grande.

2. Formar una media cola de caballo y sujetar con una banda elástica.

3. Dividir la cola en dos, tomar una mitad, doblarla y colocar las puntas alrededor de la banda elástica para cubrirla.

4. Tomar el resto de la cola y reiterar el procedimiento. Sujetar con invisibles.

5. Aplicar fijador en todo el peinado para mantenerlo por varias horas.

6. Planchar el cabello que quedó suelto desde la raíz hasta los medios. Allí, dar vuelta y formar un pequeño rizo. Aplicar fijador nuevamente.

MAQUILLAJE

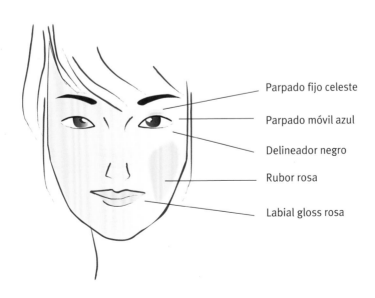

Parpado fijo celeste

Parpado móvil azul

Delineador negro

Rubor rosa

Labial gloss rosa

RODETE ANTIGUO

Juliana Dip
18 años
Cabello largo, lacio, rubio

1. Peinar el cabello de la cúspide y los laterales hacia atrás aplicando fijador.

2. Incorporar cabello de la nuca y formar una cola de caballo. Sujetar con una banda elástica y un invisible.

3. Dividir la cola en cuatro partes: dos mechones más gruesos y dos, más finos.

4. Intercalar los mechones fino y grueso del lado derecho y también los dos del lado opuesto. Cruzar el mechón grueso del costado derecho con el fino del izquierdo.

5. Intercalar el mechón grueso del costado izquierdo con el fino del derecho formando una trenza espiga hasta las puntas. Sujetar con una banda elástica.

6. Desarmar la trenza colocando las puntas hacia la banda elástica. Sujetar los extremos sin trenzar con un invisible debajo de la banda.

7. Separar los mechones de la trenza para que el recogido adquiera más volumen.

8. Tomar la parte superior del peinado, formar un rodete y sujetar con un invisible en la cúspide de la cabeza.

9. Sujetar con invisibles los costados de la trenza desarmada para evitar que se desprendan mechones de cabello.

10. Aplicar fijador en todo el peinado y silicona en la cúspide.

MAQUILLAJE

Parpado fijo verde claro

Parpado móvil verde oscuro

Delineador negro

Rubor rosa viejo

Labial rosa

RODETE CON RIZOS

Gimena Ghilarducci
20 años
Cabello largo, con rizos, rubio

1. Con peine de cola, peinar la cúspide y los laterales hacia atrás aplicando gran cantidad de fijador.

2. Tomar un mechón pequeño del flequillo, enroscarlo sobre sí mismo formando una torzada y sujetarlo con un invisible.

3. Peinar el lateral izquierdo hacia el centro de la cabeza aplicando gran cantidad de fijador y formar una torzada. Sujetar con un invisible y realizar un anillo con las puntas.

4. Peinar el lateral derecho hacia atrás y formar una torzada. Ubicarla debajo del anillo formado con anterioridad.

5. Trazar una línea horizontal en la parte media de la cabeza. Sujetar el cabello con un gancho grande.

6. Tomar un mechón de la parte inferior y planchar hasta los medios. Allí, enroscar el cabello alrededor de la plancha para formar un rizo.

7. Repetir esta acción en varios mechones de la parte inferior.

8. Desprender la parte superior de cabello y formar una media cola de caballo. Sujetar con una banda elástica.

9. Doblar el largo de la cola y colocar las puntas en la banda elástica. Dejar las puntas hacia afuera.

10. Batir las puntas que han quedado afuera con peine de batir.

11. Colocar el cabello con rizos alrededor del recogido. Permitir que algunas puntas rizadas caigan hacia los costados. Sujetar con invisibles y remarcar con plancha.

MAQUILLAJE

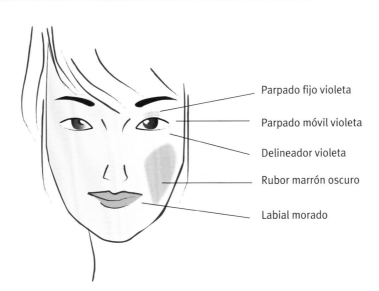

Parpado fijo violeta

Parpado móvil violeta

Delineador violeta

Rubor marrón oscuro

Labial morado

RECOGIDO ALTO

Shirley Bottaia
22 años
Cabello largo, con rizos, castaño

1. Peinar los laterales, la cúspide y la nuca hacia atrás. Colocar gel para evitar el frizz.

2. Trazar una raya vertical que divida al cabello en dos. Formar una cola de caballo en la cúspide de la cabeza con la mitad derecha. Sujetar con una banda elástica.

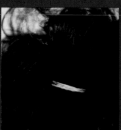

3. Con la otra mitad del cabello, formar una cola de caballo alta similar a la anterior.

4. Separar un mechón de la cola y colocar alrededor de la banda elástica. Sujetar con invisibles.

5. Repetir esta acción en la otra cola de caballo.

6. Repasar la cúspide y la nuca con el peine y gel para evitar que se formen imperfecciones. Aplicar fijador en todo el cabello.

MAQUILLAJE

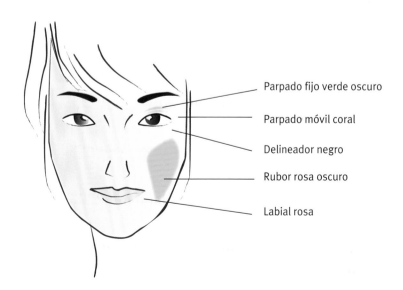

Parpado fijo verde oscuro

Parpado móvil coral

Delineador negro

Rubor rosa oscuro

Labial rosa

MEDIO RODETE CON TRENZA

Melisa Mendoza
19 años
Cabello largo, lacio, castaño claro

1. Trazar un triángulo en la parte del flequillo y sujetarlo con un gancho. Peinar el lateral derecho hacia atrás con gel y formar una media torzada en el centro de la cabeza.

2. Colocar el lateral opuesto hacia atrás, desprender el otro lateral y unirlos en una media cola.

3. Peinar el flequillo y parte del cabello de la cúspide hacia atrás. Tomar el flequillo y dividirlo en tres partes iguales. Trenzar intercalando cada una de ellas.

4. Incorporar nuevos mechones de cabello de la cúspide para formar una trenza cosida hasta las puntas. Sujetar con una banda elástica.

5. Tomar la trenza y colocarla alrededor de la media cola formada con anterioridad. Sujetar con invisibles.

6. Colocar el largo de la trenza alrededor de la media cola de caballo. Sujetar con una banda elástica al final de la media cola.

7. Tomar la media cola con la trenza y formar un rodete en el centro de la cabeza. Sujetar con invisibles.

8. Planchar el cabello de la parte inferior hasta los medios, dar vuelta la plancha y formar rizos en las puntas.

9. Formar, con los dedos, varios círculos (anillos) gruesos que abarquen todo el largo del cabello. Sujetarlos con pinzas de metal para lograr movimiento.

10. Aplicar fijador para que los anillos se marquen bien y no se desarmen. Dejar reposar 20 minutos y quitar las pinzas de metal.

MAQUILLAJE

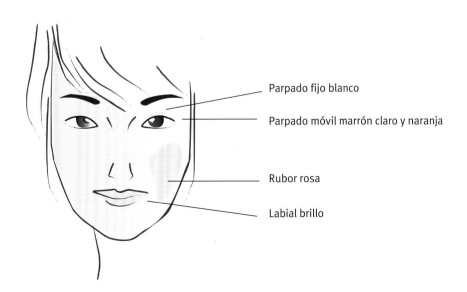

Parpado fijo blanco

Parpado móvil marrón claro y naranja

Rubor rosa

Labial brillo

AGRADECIMIENTOS

Maricel Messirlian . Gisela Chamorro .
Solange Salituro . Beatriz González .
Lara Torres . Carina Maidana . Ercilia Croce .
Cinthia Alvarez . Tamara Matroiacovo .
Gabriela Alvarez .